Das Buch

Eine Herzuntersu[chung] [gibt] Anlaß zum Nach-[Denken] auf: der Selbstmor[d] des zwanzigjährigen Volontärs und der Redaktionssekretärin der Nürtinger Zeitung; ein Mordfall, der den jungen Lokaljournalisten zum Detektiv werden läßt; das abrupte Ende der Schulzeit, die merkwürdige Vergangenheitsbewältigung der älteren Redaktionskollegen; die Begegnung mit Max Fürst und Ludwig Greve in HAP Grieshabers Bernsteinschule auf der Alb; der Tod der Großmutter. Mit mildem Zorn entsinnt sich Härtling aber auch des Engagements des etablierten Literaten in der Bürgerbewegung gegen die Startbahn West zu Anfang der achtziger Jahre. Privates wird hier mitgeteilt, ohne daß der Leser das als Zumutung empfände. Härtling gelingt, was selten glückt: ein Balanceakt zwischen Exhibitionismus und Poesie.« (Reinold Schmücker im ›Deutschen Allgemeinen Sonntagsblatt‹)

Der Autor

Peter Härtling, geboren am 13. November 1933 in Chemnitz, Gymnasium in Nürtingen bis 1952. Danach journalistische Tätigkeit; von 1955 bis 1962 Redakteur bei der ›Deutschen Zeitung‹, von 1962 bis 1970 Mitherausgeber der Zeitschrift ›Der Monat‹, von 1967 bis 1968 Cheflektor und danach bis Ende 1973 Geschäftsführer des S. Fischer Verlages. Seit Anfang 1974 freier Schriftsteller.

Peter Härtling:
Herzwand

Mein Roman

Deutscher
Taschenbuch
Verlag

dtv

Von Peter Härtling außerdem erschienen:
Nachgetragene Liebe (11827)
Hölderlin (11828)
Niembsch (11835)
Ein Abend, eine Nacht, ein Morgen (11837)
Eine Frau (11933)
Der spanische Soldat. Frankfurter Poetik-Vorlesungen
(11993)
Felix Guttmann (11995)
Schubert (12000)
Zwei Briefe an meine Kinder (12067)
Zwettl (SL 61447)
Die dreifache Maria (SL 61476)
Das Windrad (SL 61599)
Hubert (SL 61663)
Janek (SL 61696)
Die Gedichte (SL 61826)
»Wer vorausschreibt, hat zurückgedacht« (SL 61848)
Waiblingers Augen (SL 61886)
Der Wanderer (SL 61964)
Das war der Hirbel (dtv junior 7321)

Ungekürzte Ausgabe
November 1995
Deutscher Taschenbuch Verlag GmbH & Co. KG,
München
© 1990 Luchterhand Literaturverlag, Hamburg
ISBN 3-630-86737-5
Gestaltungskonzept: Max Bartholl, Christoph Krämer
Umschlagbild: ›Seeblick‹ (1983) von Markus Raetz (© PRO
LITTERIS, Zürich)
Gesamtherstellung: C. H. Beck'sche Buchdruckerei,
Nördlingen
Printed in Germany · ISBN 3-423-12090-8

Die Erinnerung steht immer
dem Herzen zu Diensten.

Antoine de Rivarol

Alle, an die ich mich in diesem Buch erinnere, habe ich in ihrer Wirklichkeit erfunden.

Sollte ein Katheter, von der Leiste durch die Aorta eingeführt ins Herz, dessen poröse Wand durchstoßen, sei dies zwar ein Fehler des Operateurs, doch die auftretende Blutung schade kaum; sollte die Spitze des Katheters die Herzwand berühren, reagiere der Muskel mit einer Kontraktion außer der Regel. In beiden Fällen komme der Patient mit dem Schrecken davon.

Alle diese Beruhigungen beruhten ohne Zweifel auf Erfahrung, sagte ich mir; nun sollte ich die meine machen. Ich lag in der Münchener Universitätsklinik auf dem Operationstisch und verfolgte auf den Monitoren den Weg der dünnen, mit dem Köpfchen stoßenden Schlange quer durch meinen Körper, der sich in helle und dunkle Felder auflöste. Mit dem künstlichen Reptil, das durch die Ader, die auf den Bildschirmen unsichtbar blieb, in einer Schleife auf das Herz, *mein* Herz, zustieß, war mir eine Kontrastflüssigkeit eingespritzt worden, die mich in einer Woge von der Fußsohle bis zu den Haarwurzeln erhitzte und von dem sich immer deutlicher abzeichnenden Muskel pumpend aufgenommen wurde.

Mir schien, als halte die Schlange, bebend vor Ungeduld, vor der Herzpforte inne. Ich starrte auf das Bild, das durch Fleisch und Haut hindurch gesendet wurde, und empfand, was mich noch im nachhinein erstaunt, nicht den geringsten Anflug von Angst, sondern eine heitere, beinahe belustigte Aufmerksamkeit hatte mich erfaßt. Ich konnte in mich hineinsehen! Ich betrachtete mein Herz und das, was vielleicht meine Seele war. Dies alles wurde durchwandert und geteilt von einem Fremdkörper, einer neugierigen Sonde, die gleich in jenen Raum eindringen würde, der uns, weil von ihm alles Leben ausgeht, als unberührbar und heilig gilt: das Herz.

Von der Hand des Arztes geführt, stieß der Katheter in den gleichmäßig arbeitenden Muskel, und es ereignete sich das, worauf man mich vorbereitet hatte: Der Schlangenkopf berührte die Herzwand. Unvermittelt zog sich der dunkle Rand zusammen. Zur gleichen Zeit spürte ich's; nicht als Schrecken oder als Schlag: Die Schlange kitzelte mein Innerstes, und dieses ganz und gar neue Gefühl verbreitete sich als Gelächter in mir, entfaltete eine weit erregtere Hitze als zuvor die Kontrastflüssigkeit. Es war ein inwendiges Lachen, in dem Glück und Angst sich vereinten, ein kardialer Orgasmus. Ich hatte Mühe – den Katheter in der Arterie, unterm Licht der Operationslampe und angesichts der Monitoren – nicht in ein Gelächter auszubrechen, das womöglich die Ader zerrissen hätte. Also hielt ich das wunderbare Lachen in mir. Auch auf den Bildschirmen konnte ich es nicht erkennen.

Zwei Wochen vorher hatte mir Doktor K. nach einer ausführlichen Untersuchung erklärt, die Wand meines Herzens sei, jahrelang strapaziert von einem zu hohen Blutdruck, viel zu dick geworden. Es habe sich ein Elefantenherz entwickelt, wie bei Hochleistungssportlern, dies allein durch die Anstrengung, Blut durch die verengten Adern treiben zu müssen.

Bisher habe ich davon nicht erzählen können. Der Eingriff sei nicht schlimm gewesen, habe ich abgewiegelt, ich hätte mich grundlos gefürchtet. Ich wollte dieses Lachen nicht preisgeben. Denn es hat mich verwirrt, mein Wesen und Gedächtnis verändert. Der, der ich gewesen bin – nein: die, die ich gewesen bin, ein Kind, ein Junge, ein Mann, drängen sich nach vorn, und Geschichten, die ich vergessen wollte, die ich umerzählt hatte, damit ich sie vergessen konnte, liegen nun bloß.

Während das Lachen von der Herzwand ausging, mich inwendig erfaßte, hatte ich den Eindruck, ich könnte mich in allen Schichten und Geschichten, in allen Lebensaltern so deutlich wiedererkennen, wie ich mein Inneres auf den Monitoren sah.

Weshalb es gerade mit dem Jungen beginnt, von dem ich bereits erzählt habe, kann ich mir nur erklären, indem ich, ergriffen von einer anderen Angst, das Sterben meiner Mutter wiederhole. Dieser Tod beendete eine Liebe, gegen die ich mich widersetzte; und der Mann, dessen Namen ich vergessen zu haben glaubte, der mir aber in diesem Moment wieder einfällt, dieser Kerl, der immer nach Gewalt stank, mußte für sie mehr gewesen sein als nur ein Ersatz für den vermißten Ehemann, ein Aufbruch, eine neue Strophe für ein altes Lied.

Wenn Joseph T. jetzt auftritt, sieht der Junge endlich hin, sieht (wie auf dem Monitor), was ihm zusetzt, weh tut.

Das fängt an, ehe sie in Nürtingen an Land geworfen wurden, die drei Frauen und die beiden Kinder, nach einer wochenlangen Irrfahrt mit dem Flüchtlingszug.

Sie werfen ihre Rufe wie Schlingen, wie Netze aus. Aus dem tiefsten Schlaf, einem von irren und geilen Träumen besetzten Bubenschlaf holen sie ihn zurück. Peter! P-e-t-e-r! Die Muskeln verkrampfen, die Haut spannt sich. Er möchte verschwinden oder ganz einfach verlorengehen und ist dennoch süchtig nach diesen Rufen, die ihn schützen und am Leben erhalten.

Eine Zeitlang, als sie in einer winzigen Stube in Zwettl auf Schreibtischen hausten, hat er den Frauen vorgelesen, irgendwelche melodramatischen Romane, deren blonde Helden unangefochten ihr Leben meisterten, und sie hatten still gehalten, vielleicht, weil in der Stube nebenan eine alte Frau, die Lintschi, seit Wochen starb. Seid still, die Lintschi stirbt! Ich bitte dich, Peter, sei nicht so laut, die Lintschi stirbt! Dabei waren sie, wenn sie nicht daran dachten, daß die Lintschi sterbe, in ständiger Bewegung, redeten und schrien, befanden sich in einem zermürbenden Aufruhr, scheuchten mich aus der Stube in den Hof und riefen mich wieder zurück. Laß uns in Ruhe, du bist ein unausstehliches Kind!

So sehe ich sie nun im Ausschnitt der Tür oder unten auf dem von langgestreckten Bauten umgebenen Hof, ständig in Bewegung, im Streit, ein ins Jahr 1945 versprengtes Rudel von Megären, Tante K., streng und mager, ein lebender Peitschenhieb, Großmutter, geschüttelt von Angst, daß ihre unter Mühen gewahrte Lebensordnung gestört werden könnte, Mutter, schön und bleich, mit einer schwarzen Haarmähne, in der die ersten weißen Strähnen erschienen.

Immerfort gellt ihr Geschrei. Über den Hof. Auf der Pawlatschen. Im Flur des Vorderhauses.

Peter!

Wenn er neben der Mutter schläft, auf dem mit Matratzen belegten Lager, den zusammengeschobenen Schreibtischen, träumt er von einer schwingenden, ausgespannten, wunderbar warmen Haut und wacht an seiner Erregung auf.

Während er und Tante K. unterwegs sind, im Sommer fünfundvierzig, fortgeschickt nach Brünn, um »das Wichtigste fürs tägliche Leben« von der Babitschka zu holen, wird Mutter vergewaltigt.

Die kleine Schwester ist dabei.

Mutter liegt im Krankenhaus, als er zurückkommt.

Er kann sie besuchen, er soll sie besuchen.

Die geflüsterten Vermutungen, die abgebrochenen Reden umschließen sie wie eine schmutzige Kruste.

Er möchte sie nicht sehen.

Kopflos irrt er in den Wäldern umher, badet in dem schleimig dahingleitenden Fluß, hört Satzfetzen und sammelt sie ein, reißt wütend an ihnen: »Und auch noch ein Offizier . . .« »Wie ein Tier . . .« »Daß sie nicht geschrien hat . . .« »Das Kind dabei . . .« Das Kind, die Schwester, schweigt, blickt mit von Angst geblendeten Augen an dem Bruder vorbei, als hätte sie ihn in dieser einen Nacht aus ihrem Gedächtnis verloren.

Neben dem Krankenhaus, in dem – so hat er es gehört – die Frauen »ausgeschabt« werden, warten in einem flachen, barackenähnlichen Bau die Toten auf ihr Begräbnis. Die Nähe Mutters zu ihrer, von zwei ständig betrunkenen Wächtern gehüteten Starre, zu ihrem Schweigen, bereitet ihm Angst.

Schlimm, daß ihr gerade da fort wart. Mehr sagt sie nicht. Sie lächelt. Sie ist schön. Er denkt: Der Mann hat sie verwandelt, nicht nur besudelt, er gab ihr ein anderes Wesen.

Nie hält er es lang an ihrem Bett aus. Der Geruch in dem Zimmer, in dem Mutter mit sechs oder sieben anderen »Ausgeschabten« zusammen liegt, würgt ihn. Er schämt sich der schweinischen und gemeinen Vorstellungen, die über ihn herfallen. Er meint, jeder könne sie seiner Miene ablesen.

Morgen komme ich nach Hause, sagt sie.

Mit der Schwester steht er stundenlang vor der Bäckerei nach süßem Schaum an. Obwohl sie wissen, daß sich Mutter nichts aus der Schleckerei macht, soll sie festlich empfangen werden.

Noch immer stirbt in meiner Erinnerung Lintschi. Auch an dem Tag, an dem Mutter zurückkehrt. Wir dürfen nicht laut sein. Ich stehe am Ende der hölzernen Stiege, an der Pawlatschen. Es ist Sommer, die Luft lastet schwer und giftig. Mutter wurde von einem Tier wundgerissen, die Großmutter hat man jetzt wegen Typhus in Quarantäne gesperrt. Der Krieg ist zu Ende, auch wieder nicht. Manche, die noch vor ein paar Monaten für das »Reich« kämpften, waren auf einmal, als hätten sie eine neue Haut übergezogen, Österreicher geworden und wünschten alle »Piefkes« aus dem Land.

Der Krieg hat Mutter noch gepackt. Er hat Vater im Lager Döllersheim verschlungen. Der Krieg hält uns alle besetzt, in unseren Köpfen brüllt er weiter.

Manche sagen: Unter Hitler wäre es nicht so weit gekommen. Wie weit es schon gekommen ist, lassen sie aus. Andere meinen: Unter den Russen müssen wir uns halt einrichten. Wie unter geborstenen Dächern.

Mutter sitzt mit uns im Hof, horcht auf unser Gerede, drückt Lore an sich, die wiederum ihre Puppe an sich preßt. Mutter sagt: Rudi wird es nicht erfahren.

Wir wissen nicht, daß Vater inzwischen gestorben ist. Unsere Gedanken halten ihn noch mehr als ein Jahr lang am Leben.

Bin ich imstande, die Gefühle des Jungen zu wiederholen? Meine Phantasie hat die immer jünger werdende Frau, die mit fünfunddreißig Jahren ihr Leben aufgibt, ununterbrochen angeschaut, verändert, kostümiert. Und immer redete ich mich auf Distanz. Nun versuche ich sie aufzuheben. Zweiundvierzig Jahre danach. Nun ist die Mutter des Jungen, da sie im Gedächtnis des Alternden nie alterte, so weit entrückt, daß sie in Träumen seine, meine Geliebte sein könnte.

Ich staune, wie leicht es mir fällt, das Unerlaubte zu denken, zu schreiben. Ich denke es durch den hindurch, der damals, im vergangenen Sommer, nach der Angiografie in seinem Zimmer lag, den Sandsack auf dem Bauch, angegriffen von einem wütenden Hunger, da er mehr als zwanzig Stunden nichts gegessen hatte, ich denke durch den hindurch, der eben erfuhr, wie sich die Herzwand von innen anspürt, und noch nicht davon sprechen kann, denke zurück bis zu dem Zwölfjährigen, dessen Gezappel plötzlich wieder fühlbar wurde, als der Katheter die Herzinnenwand berührte. Ich nehme nicht mehr, wie bisher, die Eifersucht zurück. Der Junge darf endlich eifersüchtig sein.

Ich habe damit anfangen wollen, daß ich den Mann unterwegs auf den Viehwaggon aufspringen lasse. Mein Gedächtnis entdeckt ihn in dem Wagen, in dem wir, vierzig Frauen, Kinder und Männer, ein paar Wochen zwischen Wien und dem schwäbischen Wasseralfingen zubrachten, zum ersten Mal: Joseph T.

Ich weiß, daß ich mich irre. Sie lernte ihn erst in Nürtingen kennen. Ich hatte keine Ahnung. Er schlich sich in unser offenes, verwundetes Leben ein. Die drei Frauen und die beiden Kinder waren nach dem mehrwöchigen Aufenthalt im Flüchtlingslager Wasseralfingen gemeinsam in Nürtingen angekommen. Die Waggons wurden auf das Abstellgleis geschoben; deren Insassen einige Tage lang vertröstet. Es brauche Zeit, bis Quartiere bereitgestellt seien.

Die Einheimischen beobachteten die Ankömmlinge aus der Entfernung. Fremde, und nicht die ersten, die behaupteten, Häuser und Höfe besessen zu haben, und nichts als dreckige Bündel und ihre Anmaßung mitbrachten. Fremde, die vorgaben, Deutsche zu sein, und sich in einer falschen Sprache ausdrückten. Fremde, die man weit fort wünschte. Verblüfft beobachtete der Junge, wie Mutter bewußt die Fremde spielte, sich herausfordernd bewegte auf dieser Bühne zwischen zwei Geleisen. Sie war ohnehin auf der Fahrt eine Spur lauter geworden, leuchtender und schwärzer zugleich. Manchmal lachte sie ohne Grund.

Das mochte er nicht. Dann wünschte er, daß niemand sie so sähe, nur er allein. Sie drängte sich mehr und mehr in seine Träume.

Vom Bahnhof aus erkundete er die Stadt, die ihn gleich zu Beginn damit verblüffte, daß in einem Schaufenster Nudeln ausgestellt waren. Als gäbe es Nudeln jeden Tag und in Hülle und Fülle. Er starrte eine Weile auf den kleinen Berg von Teigwaren, versetzte sich selbst in eine Art von Trance. Der Krieg hatte die Stadt von Bomben und Granaten verschont. Nicht nur das. Sie schien konserviert, samt ihren Bewohnern. Offenkundig verweigerten sie sich der Gegenwart, ihren Neuigkeiten und Umstürzen. Zwar trugen sie keine braunen und schwarzen Uniformen mehr, doch eine Aura hatte sich erhalten, so als folgten die Bewohner, wenngleich verstohlen, dem Führer weiter. Wenn sie uns Kinder anherrschten, wegscheuchten, glichen sie den aufgeregten Parteimännern und Offizieren, die in den letzten Tagen des »Reiches« gestikulierend ihre Ratlosigkeit überschrien. Außerdem verstanden wir sie nicht. Ihr Dialekt schloß uns aus. Sie wollten, daß wir fremd blieben. Dreckig, stinkend, Kinder, die entlaust werden mußten.

Monate später gelang es dem Jungen nur mit Mühe, dem Schäferhund eines Bauunternehmers zu entrinnen, der auf »Flüchtlinge« abgerichtet war. »Faß, des isch a Flüchtling!« Da wollte er schon keiner mehr sein. Sein Kiefer bequemte sich mehr und mehr dem einheimischen Idiom an.

Hier, am Nürtinger Bahnhof, trennten sich die Frauen. Großmutter und die Tante bezogen eine andere Unterkunft. Vielleicht erlaubten es die Umstände nicht anders. Vielleicht jedoch war er Mutter schon über den Weg gelaufen. Gleich am ersten Tag. Fuß fassen will sie hier nicht. Dieses Kaff ist lächerlich, sagt sie und verwirft es mit einer ausholenden Gebärde.

Der Junge hingegen läßt sich von der unzerstörten Umgebung gefangennehmen. Zwar müssen sie in einer winzigen Dachkammer wohnen, doch das Haus steht unmittelbar an einem ausgebaggerten Teich, und die Kinder aus dem Kieswerk lassen ihn, wenn auch mißtrauisch, mitspielen. Er liebt die Plätze der Stadt, vor allem den Weg am Neckar, von dem aus die Ansicht auf die hochgebaute Laurentiuskirche ständig wechselt.

Es ist Sommer. Er schwimmt zum ersten Mal im Fluß. Am Oberlauf muß es Hochwasser gegeben haben, denn im Wasser treiben Holz und Unrat, sogar eine tote, aufgedunsene Sau. Die Kinder kreischen. Ekel und Furcht jagen sie die Uferböschung hoch.

Da steht er plötzlich. Im Gegenlicht. Nicht groß, jedoch stämmig, und seine Kraft wirkt auf den Jungen herausfordernd. Er kann ihn vom ersten Blick an nicht leiden. Er haßt ihn. Der Kerl ist sein Rivale. Genaugenommen der des Vaters. Geh! schreit er lautlos. Der denkt nicht daran. Er macht ihm alles streitig. Er spricht Mutters Namen aus, als kenne er sie seit Ewigkeiten: Eri.

Mutter erklärt ihm und der Schwester nichts. Der Mann, Joseph T., ist einfach in ihr gemeinsames Leben eingedrungen. Er nimmt ihm die Mutter weg.

Sie wird schrill, fällt vor dem engen Hintergrund auf. Sie will es. Sie schminkt sich, zieht sich an wie für ein unendliches Fest. Sie lacht übertrieben und gestikuliert heftig. Sie spielt sich auf.

Im Juli sechsundvierzig, die Fenster der Mansarde stehen Tag und Nacht weit offen, die Hitze nistet unterm Dach und macht das Atmen schwer, im Juli ziehen wir aus und in die Neuffener Straße um, bekommen eine Wohnung, mit Küchenherd und Klo neben der Treppe.

Ohne daß ich es Mutter sage, laufe ich zu Großmutter und Tante K., erzähle von unserem Glück; die beiden wollen aber nur wissen, wer der Mann sei, mit dem Eri sich eingelassen habe. Der Junge verrät nichts, kein Wort. Er würde die Mutter nie verraten. Aber ein Wort geht ihm nach: Eingelassen! Nicht sie hat sich eingelassen, denkt er, sie hat *ihn* eingelassen, sie hat sich aufgegeben.

Er kommt aus der Schule.

Die Schwester ist schon zu Hause.

Ich muß fort, sagt Mutter, das Essen steht auf dem Herd.

Wohin gehst du? Seine Stimme überschlägt sich zwischen Verdacht und Vorwurf. Wohin?

Sie lacht. Er solle aus dem Fenster schauen, hinunter auf die Straße. Joseph T. steht vor der Gartentür. Hinein in den Vorgarten traut er sich nicht. Erst recht nicht ins Haus. Die Verachtung von Fräulein S., der Hauswirtin, hält ihn zurück.

Als er noch nicht begriffen hatte, daß sie dem Mann verfallen und nicht mehr zu retten war, erzählte sie ihm, Joseph sei Dreher, Arbeiter, stellte es fest voller Stolz gegen ihre Herkunft, gegen ihren Mann, gegen ihre Vergangenheit.

Was macht ein Dreher?

Genau kann ich es dir nicht erklären. Er hat mit Werkzeugen zu tun, Gewinden. Ja, mit Werkzeugen.

Er verfolgte das Paar, lief ihm nach; es zog ihn gegen seinen Stolz hinter sich her.

Manchmal, wenn er sie am frühen Abend im »Deutschen Haus« oder dem »Schwanen« verschwinden sah, drückte er sich heulend gegen die Häuserwände, in den Schatten von Eingängen und hoffte, für alle Passanten unsichtbar zu bleiben.

Großmutter und Tante K., die ihn auszuhorchen versuchten, belog er mutwillig. Sicher gebe es diesen Mann. Er helfe Mutter auf den Ämtern. Und überhaupt. Sie glaubten ihm nicht, wußten womöglich mehr als er. Sie hatten Mutter nie sonderlich gemocht, schon zu Hause mit leisem Spott erzählt, wie »eure Mutter« damals zum ersten Mal in Brünn aufgetaucht sei, von Rudi uns vorgestellt, seine zukünftige Verlobte, zierlich und mit einem schwarzen Wuschelkopf und reizend herausgeputzt. Ihr Vater hatte durch die Inflation die Fabrik verloren. Sie wollten ihr aber nichts Böses nachsagen, nein, nur paßte ihnen Mutters Eigensinn nicht. Eine sonderbare Person.

Die Eri.

Großmutters Vorwürfe treffen: Seit beinahe einem Jahr haben wir keine Nachricht von Rudi aus der Gefangenschaft. Und sie läßt sich mit solch einem primitiven Menschen ein.

Er will es nicht hören.

Doch jedes einzelne Wort setzt sich in seinem Kopf fest.

Sie behaupten, Joseph T. sei bei der SS gewesen.

Nein, das kann nicht sein.

Warum nicht, fragt er sich hernach. Solche wie Joseph T. haben ihn in der Uniform mit dem schwarzen Kragenspiegel beeindruckt, noch vor einem Jahr, als Vater ihn zurechtgewiesen hatte auf dem Bahnhof in Prag: Es sind Mörder, keine Helden, wie du denkst.

Ein Mörder kann er nicht sein, schon wegen Mutter nicht.

Er wagt es, sie zu fragen, auch in der Hoffnung, er könne sie mit seinem Verdacht in ihrer Liebe unsicher machen.

Sie fährt sich mit der Hand durchs Haar. Er ist Gefreiter gewesen, ein Landser, ein einfacher Soldat. Das weiß ich. Wenn du magst, laß es dir von ihm selber sagen.

Nein. Nein.

Ein Gefreiter, genauso wie Vater. Schon die Gleichsetzung ist falsch. Ich erlaube sie mir und ihr nicht.

Joseph T. zeichnet sich durch Kühnheiten aus, die Mutter abends, wenn sie unseretwegen zu Hause bleibt, mit Vorliebe schildert. Er haut die Einheimischen übers Ohr, treibt Handel zwischen den Zonen, der amerikanischen und französischen, vor allem mit Naturalien, und sei bei seinen Grenzgängen noch nie erwischt worden.

Ich stelle mir vor, wie er, das Tartarengesicht zu einer lächelnden Maske erstarrt, sich mit französischen Soldaten unterhält. Nur, wie verständigt er sich? Kann er Französisch? Auf alle Fälle fürchtet er sich nicht wie die andern vor den Marokkanern, den Negern. Da gleicht er mir. Um die Leute gegen mich aufzubringen, nehme ich Partei für die Schwarzen, die Russen, die Afrikaner. Trotzig möchte ich wie jene sein, denen nachgesagt wird, sie seien schmutzig und fremd. So fremd, wie Mutter auch.

Eri übertreibt, findet Großmutter. Warum besteht sie darauf, die Brünnerin zu spielen. Die paar Jahre, die sie in Mähren gelebt hat! Sie ist doch eine Sächsin, in Dresden groß geworden.

Das stimmt. Allerdings habe ich sie nie, wie Großmutter, sächsisch sprechen hören. Warum aber bringt sie die schwäbischen Kaufleute damit durcheinander, daß sie nicht in Gramm, sondern in Deka einkauft? Sie möchte sich nicht einleben, möchte aus dem Rahmen fallen. Sie wünscht, daß ihr nachgeredet wird.

Die Schwester flüchtet immer häufiger zur Großmutter, zur Tante, braucht deren ausdauernde Aufmerksamkeit.

Wenn ich nur wüßte, klagt die Großmutter, was in Eri gefahren ist. Sie spricht es nicht aus: der Teufel.

Selbst die Unruhe findet ihre Regeln. Der Junge gewöhnt sich, begehrt nicht mehr auf, wenn die Mutter spät in der Nacht kommt, liegt nicht mehr auf der Lauer, doch er bleibt wach und in seinen Phantasien folgt er ihr, sieht ihr beim Tanzen zu, denkt sich aus, wie der Kerl über sie herfällt, ihr die Kleider vom Leib reißt; er sieht sie nackt, in einer frechen Pose.

Einmal hat er sie in der Küche überrascht, als sie sich wusch. Nicht sie erschrak, sondern er.

Sie stand, den einen Fuß auf dem Schemel, und rieb sich mit dem Waschlappen die Schenkel, den Bauch. Er entschuldigte sich stammelnd. Was ist? fragte sie, und die Kettenglieder ihres Rückgrates spannten sich ein wenig. Ich habe gedacht, du schläfst schon. Er vergaß, was er holen wollte, raffte, was er sah, nahm es mit in seinen Schlaf, und wenn er sie in der Begleitung des Mannes wußte, sah er sie wieder, diese weiße, verwundbare und leuchtende Haut.

Noch ehe der Herbst den Neckar rostig färbte, gab Mutter die Zukunft auf. Sie verschwendete keine Gedanken mehr daran, an den Tegernsee zu ziehen, zur »anderen Großmutter«, die durch das brennende Dresden geirrt und danach für Monate verschollen war, bis sie sich unerwartet in einem Brief meldete, eine Litanei der Verluste herunterbetete, alles sei verloren, die Fabrik, die Bleibe in Dresden, auch Helmut, Mutters jüngerer Bruder, lebe nicht mehr, die Feldpolizei habe ihn im Herbst vierundvierzig in Italien erschossen, weil er seine Kompanie kampflos den Amerikanern hatte übergeben wollen.

Ein Narr ist er immer schon gewesen, verrückt und mutig, fügte Mutter hinzu, und mir fällt ein, er besaß eine Zeitlang einen Schimpansen, der ihm auf einem Ausflug im Elbsandsteingebirge davonlief und von

Förstern erschossen wurde, und eine Weile führte er ein Zoo-Geschäft, doch von Beruf ist er Rechtsanwalt gewesen wie Vater. Tante K. urteilte nicht freundlich über ihn, auch jetzt nicht, als ich ihr von seinem Tod erzählte, ein Winkeladvokat sei er gewesen, meschugge und gewissenlos, und ich falle ihr nicht ins Wort.

Alle die, die ich mir rufe, sind weit zurückgefallen in eine Vergangenheit, die das Gedächtnis nur noch unwillig nach Leben absucht. Was habe ich von ihnen? Sie verwirren mich bloß. Indem ich sie in mir bewege, Schatten zwischen Herz und Hirn, füge ich mir Kinderschmerzen zu. Sie alle sind, das wundert mich ohnedies, nicht mit mir gealtert.

Eri ist eine andere geworden, stellt Großmutter fest.

Wie kommst du darauf? wehre ich mich.

Ich sehe Eri öfter, als du denkst. Natürlich nur von weitem.

Da frage ich sie zum ersten Mal: Warum redet ihr nicht mehr miteinander? Womit ich Großmutter in eine raschelnde, händeringende Verlegenheit bringe, aus der ihr Tante K. mit einer knappen Auskunft heraushilft: Sie will nichts mit uns zu tun haben. Wegen dieses Menschen. Und wir auch nichts mit ihr.

Obwohl sie sich aus dem Weg gehen, hat Mutter nichts gegen unsere Besuche in der Marktstraße. Wie geht es ihnen? fragt sie manchmal, wartet aber nie auf eine Antwort.

Der Sommer verbrennt sich selbst. Die Erde trocknet aus. Der Fluß strömt träg und schmutzig auf das Wehr an der Brücke zu. Kommen wir aus dem Wasser, stinken wir nach Fäulnis, nach toten Fischen.

In der Schule wird dem Jungen erklärt, daß er eine Klasse zu hoch eingestuft worden sei, nachdem er mehr als ein Jahr keinen Unterricht genossen habe. Zu

Hause sagt er davon nichts. Es ist auch gleichgültig, da Mutter sich so gut wie nie nach der Schule erkundigt. Sie sorgt dafür, daß er und die Schwester in der Früh rechtzeitig aufbrechen, mittags ist sie manchmal nicht da, und sie müssen sich das Essen auf dem Spiralkocher wärmen.

Sie ist zu lange tot, seit vierundvierzig Jahren. Meine Phantasie spielt mir mit und verwechselt Bilder. Was bedeutet Andenken? Ich denke mehr denn je an sie. Doch ich bin mir nicht sicher, ob sie es noch ist in meinen Gedanken. Und so unsicher bleibe ich, bis der Sommer in meinem Gedächtnis erlischt. Plötzlich komme ich ihr wieder ganz nah. Im Traum könnte ich meine Stirn an die ihre drücken. Es wäre meine Kinderstirn.

Wir haben nicht genug zu heizen, unser schmales Zimmer, das Kinderzimmer, in das nur zwei Betten passen, sonst nichts, kühlt bereits winterlich aus. Mutter ist tagelang unterwegs, um Kohlen und Briketts zu organisieren. Wieder daheim, wirkt sie noch winziger, alt und müde. Der Junge fragt sie nicht, warum der Kerl ihr auf einmal nicht mehr hilft. Er ängstigt sich vor ihren Tränen. Sie weint in dieser Zeit schnell und grundlos. Vielleicht hat Joseph T. ihr schon erklärt, daß seine Frau mit einem Transport gekommen sei, der Sommerrausch keine Fortsetzung finden könne. In diesen Tagen hat sie auch übers Rote Kreuz erfahren, daß Vater ein Jahr zuvor, im Sommer fünfundvierzig, im Kriegsgefangenenlager Döllersheim gestorben sei.

Sie verschweigt es.

Ein paar Mal noch bricht sie aus, nachts, offenkundig ohne Begleitung, mit geschlossenen Augen und einem endlosen Schrei im Schlund.

Ich kann ein Datum schreiben, die Erzählung in der Zeit fixieren: 7. Oktober 1946.

Es hilft mir wenig. Läßt mich allenfalls feststellen, daß sie, meine Mutter, Eri gerufen von allen, die sie näher kannten, noch sehr jung gewesen ist, fünfunddreißig Jahre alt.

Für den Jungen sprang sie fortwährend aus einem Alter ins andere. Einmal erschien sie ihm entrückt, sehr alt, die grauen Strähnen im Haar bestärkten diesen Eindruck, ein andermal, als sie auf einem Spaziergang neben ihm herlief und mit ihm und der Schwester alberte, verwandelte sie sich zu einem Mädchen, und er liebte sie so heftig, daß ihn der ganze Körper schmerzte.

An diesem Oktoberabend lacht sie ein wenig mehr als üblich. Ehe wir, meine Schwester und ich, zu Bett gehen, waschen wir uns in der Küche. Sie begleitet uns in unsere feuchtkalte Kammer. Bleibt sie an der Tür stehen? Sagt sie, nachdem sie das Licht löscht, gute Nacht?

Ihr Bild kann ich mir zurückrufen, ihre Stimme nicht. Gute Nacht. Vergeblich mühe ich mich, sie zu hören.

Sie läßt uns schlafen über die Zeit hinaus, anstatt uns zu wecken; wir laufen durch die Küche in ihr Zimmer und wollen sie wecken, aber ihr Schlaf ist tief, unser Rufen dringt nicht in ihr Bewußtsein, und als wir uns endlich trauen, sie anzufassen, mit der Hand über ihre Stirn zu fahren, anzupochen an Schultern und Brust, öffnen sich ihre Lippen, beginnt sie zu röcheln. Wieder, bis heute, renne ich in mir herum, ratlos und schrill.

Ein Tablettenröhrchen liegt leer auf dem Nachttisch neben dem Wasserglas. Wir entdecken es und werden still. Ohne uns zu verständigen, ist uns klar, daß die Hauswirte auf keinen Fall davon erfahren dürfen. Wir holen Großmama und Tante K. erst, wenn wir uns mit Mutter nicht mehr zu helfen wissen.

In meinem Gedächtnis sitzt meine Schwester auf dem Bettrand. Sie preßt ihre Puppe an sich, rührt sich nicht mehr, wird sich nicht mehr rühren, bis der alte Doktor sie behutsam wegrückt und auffordert, in der Küche zu warten: Ich muß deine Mama untersuchen.

Nur muß der Junge den Doktor erst einmal gefunden und gerufen haben.

Er läuft los. Es ist morgens. Es könnte Sonntag gewesen sein. Es sind keine Arbeiter unterwegs zur Maschinenfabrik Heller und zum Metabo. Unter der Jacke trägt er den Schlafanzug.

Er läuft, den Anblick der bewußtlosen, schrecklich entfernten Mutter im Kopf. Sie hatten in Nürtingen bisher keinen Arzt gebraucht. Er wußte nicht, wo er einen Doktor finden könne, entsann sich einiger Emailleschilder an Häusern, rannte sie ab wie Stationen. Er hatte kein Glück. Wo immer er läutete, wurde er abgewiesen: Der Herr Doktor ist auf Besuch; nein, mein Mann ist unterwegs, kann ich dir denn helfen?; nein, der Herr Doktor ist verreist.

Er heult im Rennen, flucht, spricht mit sich selber, nimmt sich vor zu schreien, sich nicht mehr fortschicken zu lassen, als er an einem Haus in der Uhlandstraße schellt. Dieses Mal öffnet ein alter Mann, bittet ihn herein.

Dazu fehlt dem Jungen die Geduld.

Es eilt. Ich höre die Stimme bis heute in mir. Sie stirbt, schreit er, sie hat Tabletten genommen.

Wer? fragt der Arzt, wer denn um Himmels willen, beruhige dich doch. Er drückt ihn auf eine Couch, einen tiefen Sessel.

Meine Mutter, sagt er, sage ich, sie hat Tabletten genommen. Bitte, stammelt er, bitte, bitte.

Der alte Mann packt seine Tasche, schiebt ihn vor

sich her, schließt die Tür hinter sich. Er solle voraus laufen. Nun wisse er ja, wo sie wohnten, Neuffener Straße 75. Doch er bleibt bei dem Arzt, mißtrauisch, denn er könnte sich noch immer aus dem Staub machen.

Fräulein S. wartet unten am Treppenabsatz. Sie habe nachgeschaut. Das Mädle wolle nicht von der Mutter weg.

Was danach geschieht, drei Tage lang, bis zum 10. Oktober 1946, fällt auseinander in einzelne unverbundene Szenen, in denen die Kinder stets beiseite gedrängt werden.

Nur Mutters Gesicht rückt nah, ein Gesicht, in dem die dunklen Felder wachsen, um die Lippen, unter den Augen, auf einer von Müdigkeit ausgelaugten Haut.

Der alte Doktor läßt sie so liegen, wie er sie fand.

Fräulein S. bewacht die Treppe, empfängt Großmutter und Tante K., schickt Martin Lörcher, den Pfarrer, hoch. Sie reißen alle an mir, an der Schwester, schieben uns herum, drücken uns auf Stühle, treiben uns in unser Zimmer, ihre Stimmen bündeln sich zu Fragen, planen und löschen Mutter aus.

Der Pfarrer fragt, seit wann sie so liege, sehr ruhig, und als er mich in die Arme nimmt, beginne ich zu weinen.

Wir schlafen, stehen auf, bekommen zu essen.

Ständig sind Leute um uns.

Am 10. Oktober, gegen Mittag, stellt der alte Doktor den Tod fest. Sie ist tot, sagt er.

Wir haben neben ihr auf dem Bettrand gesessen, ihren Atem gehört, als er gar nicht mehr ging. Ihren langen Schlaf haben wir uns eingebildet. Ich weiß, ich weiß es bis auf den Tag, daß Kopf und Leib sich selber betäuben, wenn sie dem Ansturm von Gefühlen nicht mehr standhalten können.

Wie Puppen laufen wir herum, hölzern und sprachlos.

Als Mutter hinausgetragen wird, sehen wir zu.

Fräulein S. steht den ganzen Nachmittag unten an
der Treppe.

Tante K. und Großmutter ziehen ein. Es fehle noch
ein Bett. Dafür werde gesorgt, verspricht Fräulein S.

Ehe Mutter beerdigt wird, besucht uns Pfarrer
Lörcher. Er sitzt schwer am Fenster in der Küche,
fragt, wie Mutter gelebt habe, woher sie komme, und
Tante K. antwortet ihm so, daß ich sie nicht berichti-
gen muß.

Sie soll wie ein Christenmensch beerdigt werden,
sagt der Pfarrer, auch nach diesem Tod.

Am Tag nach der Beerdigung kommt die Tegern-
seer Großmutter zu Besuch, läßt sich auf den Friedhof führen zu dem frischen Grab, wie sie sagt, ein
frisches Grab, sagt sie. Sie ist so winzig wie Mutter.

Der Junge erinnert sich, wie er ihr in Dresden half,
Tüten mit Vogelfutter zu füllen. Sie gleicht selber
einem Vögelchen.

Adieu, adieu, ruft sie ins Zimmer.

Ich habe sie nie mehr gesehen.

Jetzt ist der Krieg zu Ende, sagt die Schwester.

Warum erst jetzt? frage ich.

Seit Jahren bin ich nicht auf dem alten Friedhof in
Nürtingen gewesen; dort wird schon lang nicht mehr
bestattet. Der Fliederbaum, der seinen Schatten über
ihr Grab warf, sei längst verdorrt, erfuhr ich. Schon
darum, denke ich, werde ich ihr Grab nicht mehr finden.

Ich winke M. nach, laufe, als wollte ich alles widerrufen, dem Auto einige Schritte hinterher, zünde mir eine Zigarette an, die vorletzte oder schon die letzte, und gehe auf den langgestreckten, von einem Türmchen flankierten Bau zu, die Klinik, in der ich, halte ich mich an die Verabredung mit den Ärzten, einen Monat verbringen werde. Auf der Herfahrt täuschte ich Gleichmut vor; jetzt gebe ich der Unrast nach, die in den letzten Monaten überhandnahm, eine fortwährende, mir die Wörter und Gedanken verdrehende Irritation.

Ich habe noch Zeit bis zum Abendessen, spaziere den Weg hinunter zum See. Auf dem Badesteg bin ich allein.

Der Anblick dieser Landschaft, ihre in den Abend einsinkende Schönheit, ruft in mir den Wunsch wach, die Enge, in die ich geraten bin, aufzubrechen.

In den letzten Tagen hat es geregnet. Nun wischt der Wind ein paar faserige Wolkenreste über den durchsichtig werdenden Himmel. Morgen werde ich im See schwimmen. Allerdings muß ich erst, wie mir gleich beim Empfang nahegelegt wurde, eine ärztliche Genehmigung dafür einholen, ebenso für ausgedehnte Spaziergänge. Erst müßten alle meine »Werte« bekannt sein.

Ein Geschwader von Graugänsen, Hinterlassenschaft von Konrad Lorenz, der in der Nähe seine Verhaltensforschungen betrieben hat, nähert sich dem Steg. Die Vögel schnattern, recken ihre Hälse. Offenkundig warten sie darauf, gefüttert zu werden.

Schritt für Schritt ziehe ich mich zurück. Morgen, verspreche ich, morgen. Morgen kann aber auch der

See verschwunden sein, denke ich, oder zu kochen beginnen. Morgen werde ich vielleicht nicht aufwachen. Morgen wird irgendwo ein Krieg erklärt. Oder ich beginne mit einer Erzählung, einem Roman, und wenn mir das Schreiben schwerfällt, erfinde ich eine Liebesgeschichte, wenigstens für die Zeit hier am See.

Ich habe sie nicht hergebeten.

Sie ist mir nicht eingefallen.

Plötzlich ist sie gegenwärtig, ein Gefühl, das Gestalt annimmt, das ich ansprechen kann.

Du.

Ich rufe sie mit einem anderen Namen, der uns für die Zeit einer kurzen Erzählung verbinden wird.

Ich wollte unter allen Umständen aus dem Fabrikbüro fort, in das ich mich nach der Schule gerettet hatte, und da ein Versuch, an die Schauspielschule in Stuttgart zu kommen, scheiterte, wußte ich mir keinen anderen Rat, als Bruno Bruno, den Chefredakteur der Zeitung, bei meinem nächsten Besuch in der Redaktion zu fragen, ob ich volontieren dürfe. Er schaute mich abwesend an, schluckte einen Löffel Bullrichsalz gegen das Sodbrennen, das ihn ständig plagte, und verblüffte mich mit seiner Antwort: Gut, fangen Sie an, wenn möglich gleich.

Sie nannten ihn, da er der Jüngste war, Benjamin. Die Maulfaulen sparten noch eine Silbe, so daß er zwei Jahre lang auf Jamin hörte. Mit diesem Kürzel schützte er sich. Es diente ihm als poetisches Vehikel. Er schrieb Gedichte von und für Yamin.

Bruno Bruno, ein Christdemokrat der ersten Stunde, Anhänger Konrad Adenauers, hielt jede Art von Poesie, vor allem dann, wenn er sie nicht verstand, für einen Angriff auf das Bestehende.

Der Junge läuft in eine abgenutzte, Tag wie Nacht gleiche, auf sonderbare Weise urvertraute Kulisse.

Die Redaktion befindet sich in drei Zimmern im ersten Stock eines Nebengebäudes der Druckerei, ein dauerhaftes Provisorium; auch die Besetzung des Stücks ändert sich nicht.

Ich beobachte ihn, die andern und stelle fest, wie sich das schäbige Mobiliar – Schreibtische, Regale, Stellagen – mit den Personen zu bewegen scheint, finde die anfängliche Beklommenheit wieder und hoffe mit ihm, daß dies für eine Weile ein Zuhause sein könnte.

Sie betreten die Bühne und verschwinden wieder. Franz, der junge Redakteur; oder Ferencz, der Ungarndeutsche, der behauptet, Geige spielen zu können, darauf besteht, über alle Musikveranstaltungen zu berichten, ein Gönner, ein Kenner; oder Kurrie, der Annoncenwerber, der sich morgens schon Mut antrinkt, um vor den Kaufleuten zu bestehen; oder Bruno Bruno, der Riesenhafte, Schwerleibige, der sich als Arbeitsort nicht die Redaktion, sondern das Rathaus gewählt hat, auf Einfluß aus ist; oder Lisa, die fürs erste unnahbare, sich hinter spöttischen Halbsätzen verschanzende Sekretärin und spätere Redakteurin. Sie verschlug es, wie Ferencz, aus der Batschka an den Neckar. Franz war der einzige Schwabe.

Lisa steht auf, tritt für einen Moment nach vorn, damit sie meine ungeteilte Aufmerksamkeit findet. Dann geht sie durch die Zimmer. Sie drückt die Knie durch und wirft den Kopf in den Nacken. Es ist schön, sie gehen zu sehen. Ihre Stimme klingt hell, auf einem Bodensatz von Geschrei.

Sie wechselt ein paar Worte mit Ferencz, dessen Schreibtisch an den ihren gerückt steht, ist mit wenigen Schritten im »Zwischenstück«, einer ehemaligen Küche, in dem Franz und Jamin nebeneinander an kleinen Tischen arbeiten, und verschwindet in der »Chefredaktion«, die Tür hinter sich zuschlagend.

Von Ferencz erfahre ich, daß ein Mann sich vergeblich um sie bemühe, ein reicher Nichtsnutz, der sich sogar einen Sportwagen leisten könne, einen englischen MG.

Er hört, wie sie sich nebenan mit Bruno Bruno unterhält. Jedem Satz versetzt sie einen trotzigen Stoß. So bekommt alles, was sie sagt, einen drängenden Schwung. Sie hastet an ihm und Franz vorbei. Er duckt sich über seine Schreibmaschine, wartet. Irgendwann, nicht gleich, wird sie hinter ihm anhalten und ihn fragen: Kommen Sie mit ins »Zimmermann«, einen Kaffee trinken?

An seiner Stelle antwortet Ferencz: Erst muß er noch den Raidwanger Bericht umschreiben. Zuerst die Pflicht, danach der Kaffee.

Jeden Tag geht er zweimal durch eine unsichtbare Wand, morgens und abends. Sie raubt ihm das Gedächtnis, trennt die eine Sphäre von der andern. In der einen trifft er sich mit M., liest ihr seine Gedichte vor, breitet seine Wünsche aus, die sich zu einem Bild ordnen, in das sie beide hineinwandern. In der andern wartet er auf einen Zuruf von Lisa. In der einen wandert er mit Fritz Ruoff, dem Maler, über die Hügel rund um Nürtingen; in der andern steht er früh am Mettagetisch, schaut den Männern ihre Haltung ab, macht sich stark, schlüpft in Jamin, der am Abend zum Dichter wird.

Die Doppelexistenz gelingt ihm spielend.

Manchmal gerät er mit Bruno Bruno in Streit über die falsche Ruhe, die Vergeßlichkeit der Kriegsgeneration. Franz warnt ihn. Laß es nicht darauf ankommen. Es ist ein Glück für dich, daß er dich eingestellt hat.

Also bleibt er auf der Hut.

Er habe, findet Ferencz, eine zweifelhafte Neigung zum Salonkommunismus.

Als er Ferencz fragt, wie er darauf komme, antwortet er nicht.

Am ersten Tag fängt Jamin seine Arbeit spät an. Bruno Bruno tadelt ihn freundlich. Er habe spätestens um halb sechs in der Redaktion zu sein. Probeweise setzt er sich an seinen Schreibtisch, wartet, daß ihn jemand in seine Arbeit einweise. Keiner kümmert sich um ihn, bis das Telefon schellt, Unruhe um sich greift wie Buschbrand, Bruno Bruno durch die Redaktion stürzt, auf Ferencz einredet und Franz spöttisch den Startschuß gibt: Hau ab, bring einen Dreispalter, beim Greiner brennt's.

Er ist schon unterwegs, aufgeregt, ratlos. Auf der Neckarbrücke fällt ihm ein, daß er wahrscheinlich fotografieren müsse. Jenseits des Flusses steigt ein schwarzer Pilz auf, giftiger Ruß. Seine erste Reportage gilt ausgerechnet der Fabrik, in der er noch vor einer Woche als Laufbursche gearbeitet hat. Als hätten seine Flüchterideen den Brand gelegt

Bruno Bruno läßt ihn die Reportage dreimal umschreiben. Er halte sich durchaus an die Regeln – zuerst das halbfette Lead, dann in zwei Absätzen das Wichtigste und danach Einzelheiten, die, fehlt der Platz, gestrichen werden können –, doch er formuliere zu literarisch.

Er beint den Artikel aus und überläßt ihn Ferencz zur Schlußredaktion. Der moniert im magyarischen Singsang, was alles noch fehle, ein kurzer Abriß der Firmengeschichte zum Beispiel, die Aufzählung sämtlicher Brände seit Bestehen. Er allein könne sich an drei erinnern. Das müsse recherchiert werden, er müsse auf Neuigkeiten scharf sein, trompetet Ferencz und faltet seine Violinistenfinger: Fangen Sie am besten noch einmal von vorne an, junger Mann.

Er mag die frühen Abende in der Redaktion.

Die andern gewöhnen sich an ihn.

Es könnte damit beginnen, daß Lisa ihn fragt, weshalb er jeden Tag als erster die ›Neue Zeitung‹ verlange, und er könnte ihr die Ungeduld erklären, mit der er das Blatt aufschlage und die Fortsetzungen von Hemingways ›Der alte Mann und das Meer‹ lese. Er könnte ihr, um ihr Eindruck zu machen, das Ende der Geschichte erzählen, das er noch gar nicht kennt, sich ausdenken, wie der Alte vom Fisch aus dem Boot gerissen wird, eine Weile in einem Gischtkeil übers Wasser schießt, wie Ahab, der einbeinige Kapitän.

Aber sie sagt: Können Sie mir vom Markt zwei Kimmicher mitbringen, diese großen Semmeln?

Ja, Fräulein.

Er braucht sich keine Rolle auszudenken. Ihnen beiden bleibt keine Wahl. Ihre Rollen stehen fest. Immer haben sie ein Publikum, immer werden sie beobachtet, immer wird ihr Spiel kommentiert.

Er schlendert über den Markt. Inzwischen kennt er die Händlerinnen hinter den Ständen. Ehe er die Preise notiert, wechseln sie mitunter rasch noch ein Schild aus. Bei der alten Thumm wartet er darauf, daß sie ihre Arie auf die von den Flüchtlingen eingeschleppten Paprikaschoten anstimmt: »Zischa mueß di im Maul.«

Meistens trifft er die Kollegin vom rivalisierenden Blatt, die es ihm, ist er in Eile, erspart, die Marktpreise zu notieren. So reicht es für eine Tasse schwärzesten Kaffee in ihrem Verschlag in der Henzlerschen Druckerei, reicht für ein paar mürbe, gewittrige Sätze übers Prestissimo der Nachkriegsgewinnler: Die hatten ihre Persilscheine schon in der Tasche, als Adolf noch seinen Endkampf bestritt.

Zornig federt sie von ihrem Stühlchen hoch, wie immer im Kostüm. In dem großflächigen, von tiefen Kerben entstellten Gesicht, schwimmen die hellen Augen. Sie ist ein Gänschen, urteilt sie über Lisa; die

Vergangenheit von Ferencz möchte sie lieber nicht wissen; und dann bekommt sie ihren täglichen Asthmaanfall und scheucht ihn hinaus: Spätestens bis nächsten Donnerstag! Laß dich von Bruno Bruno nicht kirre machen.

Ehe Lisa ihn entdeckt, ist schon ein Jahr vergangen. Sie haben nicht viel Zeit; sie brauchen auch nicht viel.

Er muß eine Abendveranstaltung »wahrnehmen«, verabschiedet sich, da wirft sie ihm locker eine Schlinge um den Hals. Sie sei für diesen Tag zum Sport eingeteilt, und wenn seine Veranstaltung frühzeitig ende, könne er ihr helfen.

Er bleibt an der Tür stehen. Sie hat ihn überrumpelt; das macht ihn ungelenk. Es kommt darauf an, sagt er.

Ich warte auf alle Fälle, auch wenn die Berichte schon in Satz sind, sagt sie.

Längst ist es ihm zur Gewohnheit geworden, bei Vorträgen anwesend und zugleich abwesend zu sein, die Gedanken wandern zu lassen und mechanisch Bruchstücke aus der Rede in den Block zu schreiben.

Der Redner beschäftigt sich mit der Alb, ihrer Flora. Als er auf die Silberdisteln zu sprechen kommt, gibt er ein Stichwort. Vor einigen Tagen erst hat er ein Gedicht von Oskar Loerke gelesen, ›Der Silberdistelwald‹. Er hatte sich am Albtrauf einen solchen Wald vorgestellt: »Mein Haus, es steht nun mitten / Im Silberdistelwald.« Wie von selbst hatte er die Verse auswendig gelernt: »Der Ort liegt waldinmitten, / Von stillstem Licht gefleckt. / Mein Herz – nichts kam geritten, / Kein Einhorn kam geschritten – / Mein Herz nur schlägt erweckt.« Er schleicht sich aus dem Saal, spürt die Blicke des Redners in seinem Rücken. Sicher wird Bruno Bruno von diesem Vorfall hören.

»Kein Einhorn kam geschritten ...«

Wenn er um diese Zeit, noch vor Mitternacht, unterwegs ist, kann er alles mit der Stadt anstellen, sie illuminieren, anzünden, mit Freunden bevölkern, die er nicht hat und sich wünscht.

Er kann sie auch ganz einfach verschwinden lassen.

Lisa wartet. Sie ist noch nicht fertig mit der Arbeit.

Diese Sportwarte, sage ich Ihnen, sind üble Analphabeten. Schreiben kann keiner. Aber wehe, du schreibst, was sie nicht schreiben wollten. Dann drohen sie, den Laden kurz und klein zu schlagen.

Er lacht.

Sie hält die Hände geöffnet übers Papier, als wollte sie sein Lachen auffangen.

Eine Zeitlang arbeiten sie, das Manuskript im engen Kreis der Lampe. Schaut er auf, hat er ihren geneigten Kopf vor sich. Er sitzt ihr gegenüber, am Schreibtisch von Ferencz.

Die Berichte bestehen aus halben Sätzen, sind oft mit Tintenstift geschrieben und die Buchstaben haben sich in Bierflecken aufgelöst.

An einem Sonntag hat Bruno Bruno ihn zum Fußball geschickt. Der FV 09 spielte gegen Metzingen. Da die Metzinger gewannen, konnte der Artikel nur falsch ausfallen. Ein Tag nachdem er erschienen war, meldete sich der Trainer des Vereins bei Bruno Bruno. Die Schelte hielt sich danach in Grenzen. Er dürfe vor allem im Sport über Verlierer nie so schreiben, daß sie sich als Verlierer verstehen, im schlimmsten Fall so, daß sie von den Siegern um ihren Sieg betrogen worden seien.

Sind Sie fertig? fragt Lisa jetzt und schiebt ihr Gesicht in den Lichtkegel.

Vielleicht hat sie auch gefragt: Bist du fertig? Das Du zwischen ihnen schlich sich ein.

Jamin. Sie betonte den Namen auf der ersten Silbe. Nicht, wie er, auf der zweiten. Davon wußte sie nichts. Sie kannte keines der Gedichte, das er der allmächtigen Abspaltung seines Ichs widmete.

Er verriet *Ja*min nicht an *Ya*min.

Ein Absatz noch.

Sie lacht auf. Streich ihn einfach. Das merkt nur der, der ihn geschrieben hat. Wahrscheinlich nicht einmal der.

Sie laufen über den Hof, zur Setzerei. In allen Räumen machen sie Licht. Die Bühne wird weiter und tiefer. Lisa ist immer ein paar Schritte vor ihm, den Kopf im Nacken, die Schulterblätter gespannt, als erwarte sie, daß er nach ihr fasse.

Weißt du, wer von den Setzern Frühdienst hat?

Nein.

Du wirst sorgfältig Korrektur lesen müssen.

Also bleiben ihm nur noch drei, vier Stunden Schlaf, aber sie wollen ja wach bleiben; sie bittet ihn, wobei ihre Stimme eine Spur forscher klingt, sie nach Hause zu begleiten, wenn er nicht zu müde sei.

Nein, nein.

Schon sind sie auf dem Weg. Die Stadt schläft ihnen zuliebe.

Scheißkaff!

Wo willst du sonst hin? fragt sie.

Darauf weiß er keine Antwort.

Vor dem schmalen Reihenhaus, in dem Lisa mit ihrer Mutter wohnt, halten sie an. Auf einmal weicht die freche Laune, die sie verbündete, der Ratlosigkeit. Die Nacht beginnt zu rascheln. Alle ihre kleinen Geräusche drängen sich vor.

Gute Nacht, sagt er. Er hat es nicht weit bis zu seiner Wohnung.

Mit dem Knie drückt sie das Törchen zum Vorgarten auf.

Guten Morgen, Jamin. Sei leis, meine Mutter könnte wach werden.

34

Er folgt ihr; die Treppe hinauf geht er auf Zehen-spitzen.

Die Mansarde ist geschickt eingerichtet, die Schlaf-couch unter die Dachschräge gerückt, so daß ge-nügend Raum bleibt für einen Sekretär und einen niedrigen Tisch, um den knirschende Korbsessel stehen.

Ich werde uns einen Mokka aufbrühen.

Er lehnt sich zurück, die Hände im Nacken gefal-tet, sieht ihr zu. Sie steckt den Tauchsieder auf einer Ablage über dem Waschbecken an.

Gleich, sagt sie.

Mit jeder Geste zeigt sie ihm, daß sie ihn aus ihren Erinnerungen ausschließt. Sie ist um ein halbes Dut-zend Jahre älter als er, und er muß in ihren Augen ein Junge sein, so, wie sie ihn eben anredet, nicht mit Jamin, sondern: Wenn du dich für einen Moment hinlegen willst, tu's, Bub.

Ich bin nicht mehr müde.

Ich schon.

Sie gießt das kochende Wasser über den gemahle-nen mit Zucker vermischten Kaffee.

Das wird helfen, sagt sie, warte ab, bis er sich ge-setzt hat.

In Gedanken berührt er sie. Und er redet sich ein, daß es ihm genüge.

Nur wenige Male ist er bei ihr zu Besuch. Da betritt er unerlaubtes Terrain.

Ihre Mutter mißtraue ihm, sie höre halt auf den Klatsch.

Sie begnügen sich mit den wenigen Orten, an denen ihr Zusammensein kaum auffällt, mit der Redaktion, der Druckerei, dem Fenstertisch im Café Zimmer-mann.

Die Stadt und die Landschaft rundum, der Neckar und der Galgenberg gehören nicht dazu.

Darüber spricht sie, danach fragt sie nicht. Nie wird sie sich nach seinem zweiten Leben erkundigen.

Ihre Leidenschaft braucht den Widerruf. Sie verletzen sich, indem sie sich bescheiden. Nur ein paar Mal brechen sie aus, beginnen durchzudrehen.

Für eine Woche trifft sie einen Reutlinger Galan, befreit sich, bringt Jamin triumphierend bei, wie locker die Bindungen sind: Wir haben in einem Hotel in Basel logiert, dem »Trois Rois«, wir haben auf die Pauke gehauen, kann ich dir sagen, und in Zürich hat er mir einen Pulli geschenkt. Dabei verkriecht sie sich hinter der Schreibmaschine, bläst sich das Haar aus der Stirn, reckt sich gegen die Verlegenheit, kramt den Lippenstift aus der Tasche und zieht, ohne Spiegel, die Lippen nach.

Du stinkst nach ihm, sagt er ihr auf dem Weg zum Café.

Weil sie beide angetrunken sind, müde, nach der Sonntagsarbeit, tobt er sich aus, hält sich nicht an die Spielregeln, nimmt keine Rücksicht, redet lauter als erlaubt, trinkt weiter und mehr, als ihm guttut, lädt sich zu ihr nach Hause ein, und sie läßt es zu, und er hört Lisas Mutter vor der Tür husten, sie lauscht, sagt er, deine Mutter lauscht, und Lisa winkt ab, legt den Finger auf die Lippen, worauf er seinen Zeigefinger dazulegt, mit den Lippen nachkommt, die Finger vertreibt, und sie sich, um nichts mehr sagen zu müssen, zum ersten Mal küssen, aber lang halten sie das nicht aus, gegen sich, gegen ihre vermessenen Träume, so drückt sie ihn von sich, in seinen Sessel, worauf er ihr zuprostet, das Glas in einem Zug leert, und damit die Szene wieder fremd werde, das Glas hinter sich wirft, an die Wand, wo es zerspringt. Lisas Mutter hustet draußen etwas lauter.

Lisa umarmt ihn, Jamin, sagt sie, du Kindskopf, du wirst es zu nichts bringen.

Wie kommst du darauf? fragt er.

Sie gibt ihm keine Antwort, verabschiedet ihn laut und umständlich, um ihre Mutter zu warnen.

Als sie die Tür öffnet, brennt das Licht an der Treppe, vorsorglich.

Gute Nacht, schreit Lisa ins Haus, zieht die Schultern hoch und lacht ihm lautlos nach.

Von da an berühren sie sich manchmal, ihr Verlangen ängstlich abwägend. Sie bleiben vorsichtig und wachsam gegen die Unruhe ihrer Körper.

Es fällt ihm schwer, Lisa aus dem Gedächtnis zu treiben, wenn er durch die Abendwand geht.

Dabei verlangt es ihn mehr denn je nach dem großen Haus in der Marktstraße und M.s Zimmer, dem Blick hinunter auf die Winkeldächer, hinüber zum Neuffen. Ohne M. kann er kein Leben entwerfen.

Nie hat er ihr von Lisa erzählt. Nie hat sie erfahren, daß Yamin seine brüchige, fragile Existenz einem andern Zuruf verdankt.

Er hat diese Liebe, wenn es eine war, nicht gestanden, denn Lisa und er maßten sich keine Hoffnungen füreinander an. Ihre Liebe kannte keine Ausflüge unter gestirntem Himmel. Wenn sie aufschauten, erblickten sie nichts als eine nikotingelbe Zimmerdecke. Nicht einmal in ihren ausschweifendsten Unterhaltungen malten sie sich eine Gemeinsamkeit aus. Ihre Liebe war befristet.

Bei seinem Abschied vergaßen sie alle unausgesprochenen Abmachungen. Ende 1954 kündigte er. Der Verleger seiner Gedichte hatte ihm die Stelle eines Redakteurs bei einer größeren Zeitung vermittelt. Zwar müsse er im Lokalen beginnen, doch habe er Aussichten, bereits nach kurzer Zeit ins Feuilleton wechseln zu können.

Am Neujahrstag soll er als Sonntagsredakteur anfangen.

Ferencz, Franz, Kurrie bestehen darauf, ihn an Silvester ausgiebig zu verabschieden. Bruno Bruno wischt sie mit einer ungeduldigen Handbewegung aus der Redaktion. Es schneit.

Jetzt machsch Karriere, Jonger.

Ordentlich saufa musch no lerna.

Dichtesch dort weiter?

Sag amal, bischt jetzt a Pazifischt oder a Kommunischt?

Laß die des bloß net merke.

Er kann die Stimmen der Setzer nicht auseinanderhalten. Lang genug hat ihr Mißtrauen an ihm gezerrt. Als er sich beim großen Druckerstreik auf ihre Seite schlug, behaupteten sie, er habe dafür die falschen Gründe. Die Wiederbewaffnung sei schon in Ordnung, ihnen gehe es einfach um die Löhne und um die Arbeit.

Laß de net unterkriega.

Gwiß net.

In einem lauten Pulk ziehen sie die Steinengrabenstraße lang, den Buckel am Gaskessel hoch zum »Löwen«, wo am frühen Nachmittag im Saal der Rausch schon alle erfaßt hat. Die einen saufen vor sich hin, die andern reden in einem wütenden, befristeten Glück aufeinander ein, wie er jetzt auf Lisa und Lisa auf ihn, sie sich grundlos versichern, nie voneinander zu lassen, nie, du, sie drücken ihre Schenkel aneinander, fassen sich an, tasten sich ab, küssen sich, reden von neuem ohne Punkt und Komma, wenn ich dir schreibe, mußt du gleich, sag ich dir, gleich antworten, das mußt du, und wir können uns anrufen, nicht allzu häufig, das ist klar, und ich komme dich besuchen, verspricht sie, hier hat es ja keinen Sinn, sagt sie und meint die Stadt, meint die Abendwand, gibt endlich zu, daß ihr die Sterne fehlten, ihre Phantasie keinen Spielraum hatte.

Er bittet sie zum Tanz. Sie rühren sich so gut wie nicht vom Fleck. Die Musik brauchen sie nur, um sich zu fühlen, in kleinen, wiegenden, drängenden Bewegungen.

Kurrie hüpft mit einer Rothaarigen um sie herum.

Paßt auf euch auf, ihr beiden.

Lisa wirft ihm eine Kußhand zu.

Er läßt nicht von ihnen ab, bleibt ihnen ein schützender Geist.

Es wird Abend, sagt Kurrie.

Ich muß bald zu Hause sein, sagt Lisa.

Ich auch, sagt er.

Aber sie klammern sich aneinander, an den Augenblick, nichts soll enden.

Jetzt.

Komm, sagt sie.

Wohin? fragt er.

In die Zeitung. Wir kochen uns einen starken Kaffee.

Kurrie hält ihn, als sie ins Freie treten.

Der Junge ist stockbesoffen.

Wir haben dich beinahe tragen müssen, sagt Lisa später.

Kaum waren sie in der Redaktion, hatte sie den Schnee aus dem Haar geschüttelt, den Mantel über den Schreibtisch geworfen, ihn zum Sofa geführt, darauf gebettet, fragend auf ihn hinuntergeschaut und sich kurz entschlossen zu ihm gelegt.

Geh, bittet sie Kurrie.

Nein, antwortet der. Das Wasser für den Kaffee kocht noch nicht.

Aber dann, bittet sie.

Nein, antwortet er, fängt an, ›La Paloma‹ zu pfeifen, setzt sich auf die Schreibtischkante und zündet sich eine von seinen geschnorrten Zigarren an.

Für einen Moment verschwindet er in Bruno

Brunos Büro und kehrt mit einer Decke zurück, die er, den Kopf schüttelnd, über sie wirft.

Hau doch ab.

Doch er setzt sich fest, beobachtet wortlos, stinkende Rauchwolken ausstoßend, die Mühsal ihrer Liebe, lauscht, wie ihnen der Atem ausgeht, wundert sich nicht, daß Lisa unvermittelt aufspringt, ihr sei speiübel, wundert sich nicht, daß Jamin einschläft und nur mit Backpfeifen zu wecken ist.

Wo ist Lisa?

Die kotzt noch immer. Und du mußt nach Hause. Deine Großmutter wartet auf dich.

Mit einem alten Handtuch wäscht er ihm das Gesicht, rät ihm, zu verschwinden, ohne sich von Lisa zu verabschieden: Es ist vernünftig so, glaub es mir, Junge. Ich habe euch beneidet um diese verrückte Geschichte, die ihr miteinander hattet, aber jetzt laß dich nicht mehr blicken.

Er habe eine kräftige Fahne, hatten Großmutter und die Tante festgestellt, nicht ohne Stolz auf den Ziehsohn, der nun offenbar doch Erfolg zu haben schien, und so wandten sie nichts dagegen ein, daß er noch einmal fortging in die Marktstraße.

Nein, er hat M. nie von Lisa erzählt.

Er atmet Schnee ein in tiefen Zügen, macht Umwege, eine Runde um die Stadtkirche, ehe er durch die Abendwand bricht.

Kommt er samstags heim, besucht er nur M., spart Lisa aus, aber hin und wieder, nicht täglich, wie sie sich geschworen hatten, wechseln sie Briefe, in denen die Sätze nicht wissen, wie weit sie gehen dürfen, und ehe die Korrespondenz abzubrechen droht, kündigt sie ihm überraschend ihren Besuch an: Ich werde, schreibt sie, im »Ochsen« wohnen.

Das ist das feinste und teuerste Haus am Platz, in

das er bloß kommt, wenn er Berühmtheiten zu interviewen hat.

Sie erwartet ihn im Restaurant, dreht eine Pirouette und der Schottenrock wird zur Glocke.

Er denkt, sie hat etwas von einer Indianersquaw.

Nachdem die Floskeln nicht mehr ausreichen, die Pausen länger, die Hände unruhiger werden, zieht Lisa einen Prospekt aus der Handtasche, einen dikken, braunen Umschlag dazu, behält ihn noch bei sich, reicht ihm das bebilderte Blatt: Seinetwegen, sagt sie, bin ich hergekommen. Ich reise ihm nach. Sie senkt die Stimme: Ich habe mich Hals über Kopf in ihn verliebt.

»Billy Schumann«, liest er, »Europas kühnste Tigerdressur.« Das glatte, auf heroische Kontur ausgeleuchtete Gesicht erinnert ihn an Helden, für die er Namen weiß, Harry Piel zum Beispiel, aber auch Hans Albers in ›Wasser für Canitoga‹.

Ist das dein Ernst? fragt er.

Wir lieben uns, sagt sie und schiebt nun auch den Umschlag über den Tisch: Deine Briefe. Es ist besser, wir haben nichts mehr voneinander. Sie steht auf, schaut durch ihn hindurch, will sich um die eigene Achse drehen, fängt sich in der Bewegung ab, lächelt: Meine Briefe mußt du auch zerreißen oder verbrennen.

Er verspricht es ihr.

Sie faßt nach seiner Hand, berührt sie kaum.

Morgen hat er Premiere. Aber ihr habt es ja im Lokalen gemeldet.

Noch immer schnellt sie sich aus den Knien hoch und wirft den Kopf in den Nacken.

In Bremen, las er einige Monate später, sei der Dompteur Schumann von einem seiner Tiere angefallen und schwer verletzt worden.

Jamin.

Die Gedichte von Ya*min* kamen im Herbst 1955 in einem weißen Bändchen heraus, für dessen Umschlag Fritz Ruoff eine Hieroglyphe, einen kryptischen Buchstaben zum Laufen gebracht hat.

Er erfuhr, Lisa habe geheiratet und zwei Kinder.

Woher weiß ich das, fragt er. Stimmt es?

Ich habe diese Geschichte erfunden.

Ich erfand die Geschichte mit Lisa aus Angst, eine erfundene neue Liebe könnte mir hier, zwischen Klinik und See, zusetzen, mein Altern beschleunigen. Deshalb erfand ich eine alte Liebe.

Nachher, nach dem kargen Abendessen und der Blutdruckmessung, werde ich M. anrufen und meine Stimme, ich bin sicher, wird sich um eine Spur jünger anhören. Es wird ihr nicht auffallen. Sie wird wissen wollen, wie die Untersuchungen ausfielen und ob ich mich als Hungerkünstler bewähre.

Schön ist es, sobald ich die Lampe im Zimmer lösche, auf dem See einen Rest von Abendlicht zu entdecken, den die Wellen vorsichtig ins Schilf tragen.

Der zweite Tag

Ich ertappe mich dabei, jeden Spaziergänger mit einem raschen Blick darauf zu prüfen, ob er heimlich oder unverhohlen raucht. Heute früh beobachtete ich eine junge Frau, die sich in regelmäßigen Abständen eine Zigarette anzündete. Es gelang mir nur noch, lange und unsinnige Sätze auszudenken, mit denen ich mir meine Begierde auszureden versuchte, Sätze, die wie getrocknete Kippen zerbröselten.

Ich fragte mich, wann ich meine erste Zigarette geraucht habe, und mir fielen gleich mehrere erste Male ein. Als ich mit acht oder neun auf dem Bummel in Olmütz, angefeuert von Gleichaltrigen, eine halbe »Türkische« rauchte, danach einen tiefen Schluck aus der Flasche mit Franzbranntwein nahm und eine Stunde später, von Mutter erst verhauen und dann gehätschelt, sterben wollte; zwei Jahre danach auf der Flucht in Zwettl die Gedrehten aus geschnittenen Virginias, die für ausdauerndes Schwindelgefühl sorgten, oder, da begann's ernsthaft, Anfang sechsundvierzig auf dem Transport zwischen Wien und Württemberg, der wochenlangen Irrfahrt in Viehwaggons, als uns von den Franzosen Freßpakete zugeteilt wurden mit knallharter, brikettähnlicher Trockenmarmelade und einer Packung »Troupes«, die ich Mutter ablieferte mit der Auflage, zwei für mich zu behalten, und sie duldete es, daß ich in Fahrtpausen, wenn wir Suppe faßten, in irgendeiner Ecke rauchte, ich mich zu gewöhnen begann an den leisen Rausch und die ihm folgende Wachheit.

Es ist wahr: Ich gehe auf Distanz zu dem, der ich war, und bin zugleich ganz und gar in mir verstrickt.

Auch die Pflichten, die mir die Ärzte auferlegt haben, entlassen mich nicht aus der manischer werdenden Beschäftigung mit mir selbst. Heute nacht wachte ich auf, hielt das Geräusch des Weckers für meinen Puls, und es kam mir vor, als drücke das Herz, mit solchem Eifer bewacht und beobachtet, mutwillig gegen die Rippen, was einen konstanten Schmerz zur Folge hatte. Jetzt, indem ich nachschreibe, was ich erst einmal nicht schreiben konnte, fällt mir keineswegs zum Trost ein, daß ich vor ein paar Jahren an der Frankfurter Universität eine »schmutzige Ästhetik« gefordert hatte, eine Poesie, die unsere Verelendung aufnehmen könnte.

Aber gegenwärtig geschieht in der Literatur das Gegenteil. Es wird poliert, die Seele in Schatullen gebettet, das Innenleben in zierlichen Arabesken präsentiert.

Was schrei ich? Morgen werde ich noch vor dem Frühstück im See schwimmen, gleich, wie das Wetter ist. Vom Baden in Flüssen – davon will ich erzählen, jetzt, hier, angesichts des in die Nacht schwindenden Sees. Da mir niemand zuhört, denke ich Euch her, Kinder, und ich trumpfe gleich auf.

Auch wenn Ihr es nicht glauben wollt: Noch vor vierzig Jahren schwammen wir in den Flüssen, tauchten, rissen Schlingpflanzen mit stoßenden Beinen aus, ließen uns treiben auf dem Bauch, auf dem Rücken. Nein, ich schneide nicht auf. Wir selber haben uns aus diesem paradiesischen Rest getrieben.

Es war einmal – ich atme ein und habe den Geschmack eines ganzen Julitags auf der Zunge, sonnenlind und kräuterherb, 1947, ich renne die Jahre zurück, und wieder spannt der Grind am Knie, weil ich, als ich die Böschung zum Wasser hinunter wollte, hinschlug und Hände und Knie schürfte.

Es war einmal, und es ist topografisch noch vorhanden und doch nicht mehr wahr, ein Stück Fluß, ein Abschnitt zwischen zwei Wehren, der Neckar zwischen Neckarhausen und dem Nürtinger Elektrizitätswerk. Auf meiner, auf der Nürtinger Seite, läuft ein im Sommer staubiger Weg unmittelbar neben dem Fluß, vorbei an den rasselnden Trommeln des Kieswerks, vorbei an Schrebergärten, dem Fußballplatz und den Tennisplätzen, mit einem Blick aufs Zementwerk, dessen Kamin unermüdlich grauen Staub auf die Dächer speit, schließlich zwischen Wiesen und Gestrüpp hindurch, dort, wo ich unter der handgreiflichen Anleitung von Joseph T. einen enormen Wurzelstock tagelang aus dem Erdreich grub, Heizholz für den halben kommenden Winter, vorbei an dem in den Fluß hinauswippenden, immer brüchig knirschenden Sprungbrett; drüben, wo der Galgenberg, ein langgestreckter Buckel zwischen der Korkfabrik Greiner und den ersten Häusern Neckarhausens, den Blick auffängt, läuft die Straße nach Tübingen. Hin und wieder lärmen Autos, der tägliche klapprige Bus, öfter aber sehen wir den Ochsenfuhrwerken nach, den Radlern.

In der Erinnerung erscheinen alle Flüsse, in denen ich schwamm, voller Kinderkraft. Sie locken kühl, Licht schluckend, die Köpfe schwimmen wie Bojen, wie dicke Blüten auf dem Wasser. Zuerst war's ein Teich im sächsischen Hartmannsdorf, die Schwazawa in Brünn, dann die March bei Olmütz, der Zwettl-Fluß im Waldviertel; jetzt der Neckar.

Ich will Euch nicht mit den Versen, durch die meine Flüsse fließen, schrecken, obwohl sie Euch womöglich mitrissen. Doch daß ich mich in jenem Grasgarten tummelte, in dem Hölderlin mit seinem Halbbruder Karl spielte, dort wo sich sein »zweiter Vater«, als der Neckar über die Ufer trat, den Tod holte, das könnt Ihr in Gedichten lesen.

Eben hab ich im Gras gelegen, drüben, und bin auf einem schmalen Balken über den Fluß balanciert, da die hölzerne Brücke abgerissen wird, einer steinernen weicht. Ich habe mich mit Jungen aus der Klasse getroffen, wir nahmen ein Stück räudiger Uferwiese in Beschlag, warfen uns auf alte Decken, noch naß, die Sonne trocknete den Rücken schnell.

Immer überfiel mich der Hunger, ein Hunger, der den Magen drückte und preßte und in den Kopf schoß, ihn leerte und gleichzeitig füllte mit dem Wunsch zu kauen, zu schlucken, und der erst nachließ, wenn ich aufsprang, mir den Ball angelte, mit dem die anderen spielten, und wieder ins Wasser stürzte, in den Neckar, der, floß er sommerlich träg dahin, ohne Mühe zu überqueren war, der aber, sobald ihn der Augustregen anschwellen ließ, tückisch strudelte, Unrat mit sich schleppte, totes Vieh, und das Wasser färbte sich aasig grün, wurde schwarz unter Gewitterwolken. Ans andere Ufer gelangt, hüben oder drüben, ging mir der Atem schwer. Ich warf mich hin, prustete, oder lehnte mich gegen einen Baum, rieb meinen Rücken an der Rinde, das Herz schlug gegen die Rippen, und ich hörte es, wie ich es nun höre beim Schreiben.

Mir fällt ein, daß ich, das Schwimmen im Fluß preisend, Euch von einem Jungen erzähle, der bei weitem jünger ist, als Ihr jetzt seid, und daß es mir nur mit Mühe gelingt, Euch in mein Flußalter zurückzuversetzen, und ich fürchte, daß Ihr Euch kein Bild machen könnt von unseren Flüssen, denn mein Neckar, unser Neckar fließt heute vor Euren Blicken anders. Noch immer kein Rinnsal, sicher, und noch immer juligrün und augustgewitterschwarz, und vielleicht kann man sogar noch in Ruderkähnen auf ihm fahren, ich weiß es nicht. Längst schwirrt nicht mehr das Geschrei badender Kinder über den Ufern. Das vergiftete Wasser strömt ruhig zum Wehr. Drüben auf der Straße jagen die Autos. Hüben haben sich Erinnerungen abgelagert, eine Bilderschicht unter neuen Bildern. Es kann sein – darüber haben wir neuerdings oft gesprochen – daß Ihr zur Zeit Eurer Enkel schon Masken tragen müßt, um Eure Lungen vor der gesäuerten und giftigen Luft zu schützen. Den Enkeln wird das so selbstverständlich sein, wie es für Euch ist, nicht mehr in Flüssen baden zu können.

Um mir die Zeit zu vertreiben, werde ich diesen Brief an Euch morgen ins Reine schreiben.

Die Nacht redet hier mit unvertrauten Stimmen, die lauter kleine Schrecken auslösen.

Kommt, wenn Ihr Lust habt, badet mit mir hier im See!

Ich komme als einer der ersten zum Frühstück.

Den Weg vom Zimmer zum Speisesaal kenne ich nun schon so gut, daß ich mir kleine Umwege zutraue, über den Parkplatz, den Vorhof, am Fahrradschuppen vorbei.

Gegen Morgen hat es zu regnen begonnen. Ich stand sehr früh auf, duschte, setzte mich auf den Balkon.

Auf verrückte Weise denke ich sprachlos.

Sobald ich mich zu einem zusammenhängenden Satz konzentriere, fließt den Wörtern der Sinn aus. Immerhin bin ich imstande, mir diese Zustände plausibel zu machen. Seit mir zum ersten Mal regelmäßig und mehrfach am Tag der Blutdruck gemessen wird, weiß ich, daß er im Durchschnitt viel zu hoch liegt, ungefähr 130 im unteren und 210 im oberen Wert. Also ist vieles auf den Blutandrang in den Adern, den Gefäßen zurückzuführen.

Die hohen Wolken werden von einem heftigen Wind dünngeschliffen. Ohne Übergang leuchtet der Himmel, aus dem es gerade noch regnete.

Am Nachmittag bin ich von Doktor K. zur Tomografie bestellt. Die Sachlichkeit, mit der er mir das Gerät erläutert, hilft. Als das Herz, ein pumpendes, von lichten Fasern durchwirktes Gebilde sichtbar wird, werfe ich dem Arzt einen prüfenden Blick zu, den er mit verlegenem Jungenlachen erwidert.

Ihre Herzwand ist zu dick, sagt er. Der jahrelange Hochdruck, verstehen Sie – die Muskulatur hypertrophierte, ich meine, sie entwickelte sich übermäßig. Sobald es uns gelungen sein wird, Ihren Blutdruck zu normalisieren, wird sich das zurückbilden. Das Herz selbst ist nicht zu groß, stellt er noch fest.

Erst als die Prozedur vorbei ist, ich neben der Liege stehe, mir das Hemd anziehe und zuknöpfe, meint er beiläufig: Wir haben ja Zeit, uns zu überlegen, was zu tun ist.

Ich habe mich in meinem Zimmer verschanzt. Der Nachbar ist still. Die Tür zur Wiese steht offen. Die Vögel schreien. Zu meinem Erstaunen fügen sich die Wörter wieder meinen Gedanken. Satz für Satz zieht eine Novelle durch meinen Kopf.

Ich schlüpfe aus einem Namen in einen anderen. Aus Jamin wird Pickart.

Die Männer in der Rotation riefen ihn so. Gleich zu Beginn, wenige Tage, nachdem er an der Heidenheimer Zeitung die Arbeit aufgenommen hatte, stellte sich ihm einer mit einem Foto in den Weg. Es zeigte den Tiefseeforscher Piccard. Er sehe dem ziemlich gleich mit seinen langen Haaren.

Der Pickart.

Heidenheimer Novelle

Er geriet zufällig in die Geschichte. Sie begann an einem Sonntag, an dem er, der seit ein paar Monaten für das Feuilleton zuständig war, Redaktionsdienst hatte.

Ich weiß nicht mehr, wer ihm das Stichwort gab, wer telefonierte oder die Schiebetür zur Redaktion aufriß und rief: In Giengen, in einem Steinbruch bei Giengen, haben sie eine Frau gefunden. Sie soll umgebracht worden sein.

Für eine Schrecksekunde duckt er sich hinter der schwarzen Barrikade der Schreibmaschine: Ja – und? Ihm wird nichts anderes übrig bleiben, als sich um die Sache zu kümmern.

Er ruft Joschi an, den Fotografen und Besitzer eines Goggomobils. In Giengen hat man eine Frau gefunden. Sie soll umgebracht worden sein.

Bist du sicher, Pickart? fragt Joschi. Das fragt er immer; er mag es nicht, daß ihm Geschichten über den Kopf wachsen. Bist du sicher?

Ehe sie den Steinbruch finden, fahren sie in die Irre. Joschi, dessen Geduld rasch aufgebraucht ist, fragt nach der zweiten Wegkorrektur, ob es diesen Steinbruch überhaupt gäbe. Vielleicht hast du dich verhört.

Aber sie finden ihn. Er gleicht einem verlassenen Drehort. Es kommt ihm vor, als sei er schon einmal hier gewesen.

Joschi sondiert die Lage. Sie sind da unten. Laß mich vorausgehen. Ich kenne den Kommissar. Mit mir kommt er aus. Journalisten kann er nicht leiden.

Ruf mich, sobald du es für günstig hältst.

Der Tag wird in einer verwilderten, unwirtlichen Szene fest. Pickart läuft in ihr umher, zieht eine sichtbare Spur. Das dürre Gras knistert unter den Schuhen wie ein ausbrechender Brand. Unter einer hohen Buche sucht Pickart Schatten.

Ich frage mich, was ihm durch den Kopf ging, obwohl ich mit ihm die Männer unten im Steinbruch höre, ohne verstehen zu können, was sie sagen.

Unweit vom Baum entdeckt er, eingedrückt ins Gras, ein Fahrrad. Er will rufen, preßt die Lippen zusammen. In diesem Moment weiß er, daß er seinen Bericht mit dem Fahrrad beginnen wird, auf dem die Frau wahrscheinlich gekommen ist.

Joschi kommt den schmalen Pfad hochgelaufen, schwer atmend, sieht das Rad, wirft sich ins Gras, holt seufzend Atem: Mattischek wird sich erst einmal aufblasen. Nimm dich vor ihm in acht. Hör ihm zu, frag ihn erst, wenn er gefragt werden will.

Auf dem Weg hinunter rutscht Pickart ein paar Mal aus, fängt sich nur mit Mühe. Der Kommissar schaut ihm entgegen, schätzt ihn ab, schätzt ihn ein.

Sie begrüßen sich mit Handschlag.

Ich weiß schon, sagt Mattischek, Joschi hat Sie angekündigt. Sie haben Sonntagsdienst. Morgen übernimmt wohl Ihr Kollege Reiss die Sache.

Mattischek beherrscht sein Metier, führt ihm vor, wie er mit seinem Beruf verwachsen ist.

Schreiben Sie auf, befiehlt er.

Als der junge Mann seiner Aufforderung nicht nachkommt, fragt er erstaunt: Was ist?

Ich kann es mir so merken.

Die Frau liegt auf dem Rücken, den Kopf zur Seite gedreht, die Arme hochgeworfen, als habe sie die Kugel im Tanz getroffen.

Wenn er jetzt auf die Leiche blickt, sieht er sie gerahmt von Schuh- und Stiefelspitzen, denn mit ihm und Mattischek stehen ein halbes Dutzend weitere Männer um die Tote.

Wahrscheinlich hat sie im letzten Moment gemerkt, daß der, mit dem sie verabredet war, ihr Gewalt antun wollte. Deswegen die eigentümlich verdrehte Lage, erläutert Mattischek. Auf jeden Fall hat sie den Mörder gekannt, gut gekannt. Gehen wir mal davon aus, daß es ein Mann war.

Mattischek schaut ihm mißtrauisch in die Augen.

Machen Sie bitte keinen Schritt, der Ihnen nicht erlaubt ist. Sie könnten Spuren zerstören.

Er ist in einen Krimi geraten. Der Mann spricht wie in einem Buch und merkt es nicht. Vermutlich liest er allenfalls Fachliteratur.

Joschi drängt Pickart zur Seite, kniet neben der Toten hin, richtet das Objektiv auf den geöffneten Mund.

Auf dem Bild werden die beiden Fliegen groß zu sehen sein.

Er ist von da gekommen, zeigt Mattischek. Oben entdeckten wir Fahrspuren eines Rads.

Nun sagt er es doch, was er verschweigen wollte: Nicht weit von der Buche liegt ein Fahrrad, ein Damenrad.

Wieder schaut ihn Mattischek mit zusammengekniffenen Augen an, nickt kaum merklich mit dem Kopf, was zwei Polizisten offenbar als Startsignal verstehen – sie hetzen den Pfad hoch und lösen einen Steinschlag aus.

Warum haben Sie das nicht gleich gesagt?

Er zieht die Schultern hoch. Ich war zu abgelenkt. Die Tote und alles andere. Da vergaß ich das Rad.

Während er sich stockend verteidigt, weist er sich zugleich zurecht: Du mußt fragen. Du kannst nicht einfach zuschauen. Du darfst dich nicht von Mattischek lenken lassen.

Wissen Sie, wer die Frau ist, woher sie kommt?

Ja. Mattischek läßt ihn stehen.

Soll ich die Frau mit Umgebung aufnehmen, Pickart?

Wenn auf dem Bild noch etwas zu erkennen ist, Joschi.

Wieso Pickart? fragt Mattischek.

Das ist mein Redaktionsname.

Haben Sie etwas mit Professor Piccard zu tun?

Nur mit seinen Haaren.

Abrupt kehrt der Kommissar ihm den Rücken zu und redet auf einen Beamten ein.

Ich möchte gern den Namen der Toten wissen, Herr Hauptkommissar.

Ohne sich ihm zuzukehren, sagt er: Dazu müssen Sie schon Block und Bleistift aus der Tasche ziehen. Oder vertrauen Sie auch in diesem Fall Ihrem Gedächtnis?

Das ist ein Punkt für ihn. Zufrieden stellt der Kommissar fest, daß »Herr Pickart«, wie er ihn von nun an nennen wird, mit Block und Bleistift ausgerüstet ist. Schreiben Sie Maria Beate Körner, geborene Eisele, wohnhaft in Burgstetten, verehelicht mit Justus Körner, Schlosser.

Kinder? fragt er.

Nein. Die beiden sind zwar schon seit acht Jahren verheiratet, aber Kinder haben sie nicht.

Weiß ihr Mann Bescheid?

Wir holen ihn von der Arbeit; er hat Sonntagsschicht.

Ich rede in meine Novelle hinein, ich weiß, wie sie endet. In Gedanken verfolge ich einen Film, den ich erlebte, bevor ihn mein Gedächtnis drehte.

Plötzlich geraten alle Beteiligten in Bewegung, werden von einer Kraft, die von der Toten ausgeht, hin- und hergeworfen, gestikulieren, reden, messen Abstände aus, markieren mit Kärtchen Spuren.

Es muß noch Nacht gewesen sein oder sehr früh am Morgen, als die Frau und ihr Mörder sich trafen. Sie hatten sich verabredet. Ich nehme an, sagt Mattischek, schreibt Pickart, daß sie sich nicht zum ersten Mal hier trafen, kein einladendes Versteck für Liebende, unheimlich in der Morgendämmerung, aber die kannten sich an dem Ort aus. Er hat es mit ihr getrieben, sie mit ihm, stellt Mattischek sonderbar erbittert fest. Sie müssen nicht alles mitschreiben, Herr Pickart. Noch sind es Vermutungen. Der Kommissar läuft vor ihm her. Passen Sie auf, warten Sie am Rand, trampeln Sie hier nicht herum.

Joschi ist es gewöhnt, sich unsichtbar zu machen. Unsereiner wird entweder poussiert oder wie eine Mücke geklatscht, hat er Pickart gleich bei der ersten gemeinsamen Reportage erklärt. Ich stelle mich darauf ein.

Dann sehen sie den Mann. Begleitet von einem Polizisten, klettert er den steilen Pfad herunter. Er torkelt, als sei er angetrunken.

Die Ankunft Körners scheint den Kommissar in Verlegenheit zu bringen. Wie um sich noch einmal zu versichern, geht er die Markierungen prüfend ab, die Schultern hochgezogen.

Mattischek könnte, sagt sich Pickart und wird es später Joschi sagen, der ihn ermuntert, die Geschichte, bevor er sie schreibt, ihm zu erzählen, er könnte eine kugelsichere Weste tragen oder einen Panzer.

Mattischek gibt sich einen Ruck, läuft auf den Mann zu, reicht ihm die Hand, verzieht sein Gesicht zu einer Grimasse, die Trauer und Verblüffung zusammenbringt: Servus Körner. Es ist schlimm, daß wir uns unter solchen Umständen wiedersehen. Du hast es gehört: Deine Frau. Es ist doch deine Frau?

Ja, antwortet er. Ich hatte keine Ahnung.

Für einen Moment legt der Kommissar die Hand auf die Schulter Körners.

Körner entzieht sich seinem Griff. Bist du in Heidenheim bei der Polizei?

Ja.

Körner beugt sich über die Frau und weint lautlos. Sein Rücken bebt. Er geht in die Hocke und zieht der Toten den Rock über die Knie. Der Kommissar hat sich hinter ihn gestellt, schaut auf seinen Rücken.

Körner will sich aufrichten, doch Mattischek drückt ihn mit beiden Händen in die Hocke zurück. Wann hast du sie zuletzt gesehen?

Bevor ich zur Arbeit bin. Heute um fünf. Sie hat noch geschlafen. Körner befreit sich mit Kraft und kehrt sich derart heftig zu Mattischek um, daß der erschrocken einen Schritt zurückweicht.

Wußtest du, daß sie verabredet war?

Nein.

Soll dich jemand wieder zur Arbeit bringen oder besser nach Hause?

Danke, nein. Er bewegt sich etwas unsicher, schwenkt die Arme, doch er ist schnell aus dem Bild. Mattischek schaut ihm nicht einmal nach.

Es wäre der Sache dienlich, Herr Pickart, wenn Sie mich noch einmal anriefen, ehe Sie Ihren Artikel in Satz geben. Vielleicht klärt sich inzwischen manches.

Kennen Sie Herrn Körner schon lange? fragt er.

Worauf er eine merkwürdige Antwort erhält. Wie man's nimmt.

Joschi genießt es, wenn die Beifahrer sich in seiner Blechbüchse falten müssen. Sitzt du gut, Pickart?

Weißt du, woher Mattischek kommt? Ob er unter Hitler schon Polizist gewesen ist?

Was weiß ich. Joschi stößt sich eine seiner gefürchteten Zigarren zwischen die Lippen. Mich geht Vergangenheit nichts an. Ich bin da nicht so wie ihr, sagt er.

Joschi setzt ihn vor der Redaktion ab. Nachdenklich läuft Pickart über den Hof, durch die Rotation, hinauf in den ersten Stock.

An diesem Sonntag hat Fräulein Gräbner mit ihm Dienst. Sie ist doppelt so alt wie er, winzig, leidet an einer verwachsenen Hüfte, liest viel, geht in jedes Konzert und schätzt ihn, seit sie weiß, daß er nachts Gedichte schreibt. Daß er mit Wagner nichts anfangen kann, betrübt sie. Jedes Jahr spart sie für Bayreuth; jedes Mal kommt sie mit Botschaften zurück, schwärmt von Wieland Wagner oder von dem jungen Bariton Fischer-Dieskau.

Während er ihr erzählt, fällt ihm auf, daß er sich in Gedanken ganz und gar auf die Begegnung der beiden Männer konzentriert, ihr Gespräch, dessen versteckte Feindseligkeit.

Er sieht aus dem Fenster auf die graue Fassade gegenüber, eine blinde Fensterreihe. Nie hat sich dort jemand bewegt.

Ob der ein Nazi war?

Wer?

Mattischek.

Fräulein Gräbner lacht auf und schlägt sich mit der Hand auf den Mund: Den kann ich mir malen, in welcher Uniform auch immer. Ob als Wehrmachtssoldat oder als SS-Mann. Der hat es in sich, wie viele von denen, die nur ihre Pflicht getan haben. Was wissen Sie von dem Opfer, fragt sie, von der Frau?

Als sie die Straße verließ, sagt er, und in den Pfad einbog, ist sie vom Rad gestiegen, hat es bis zum Abhang geschoben und dann ins Gras geworfen. Vielleicht hat sie vor sich hin gesungen. Der Mörder hat schon unten gewartet. Sie hat ihn gerufen und ist den Trampelpfad hinuntergelaufen in seine Arme. Bestimmt nicht zum ersten Mal. Vielleicht ist er jünger als ihr Mann. Es kann sein, sie hat ihn bei einer Vereinsfeier kennengelernt. Sie haben erst nur Blicke getauscht, konnten sich nicht satt sehen aneinander, und schließlich ist sie vors Haus gehuscht, er ihr nach, sie haben sich aneinander gepreßt, gierig, gegen alle Vernunft. Dann verabredeten sie sich, und er schlug den Steinbruch vor.

War sie ausgezogen; waren ihre Kleider verschmutzt? Fräulein Gräbners Frage wirkt wie ein Vergrößerungsglas.

Die Frau liegt wieder vor ihm.

Nein, antwortet er, nur der Rock war übers Knie hochgerutscht, und Körner hat ihn, als er neben seiner Frau kauerte, heruntergezogen.

Er solle doch noch einmal Mattischek anrufen, rät Fräulein Gräbner. Vielleicht wisse der jetzt mehr.

Was nicht der Fall ist. Mattischek reagiert kurz angebunden. Keine weiteren Hinweise. Nur das: Als der Schuß die Frau traf, sei sie wahrscheinlich schon nicht mehr am Leben gewesen. Sie sei vorher erwürgt worden. Bestimmt könne er das allerdings erst sagen, wenn der Obduktionsbericht vorliege.

Und der Täter, Herr Hauptkommissar?

Mattischek zieht hörbar Luft zwischen den Zähnen ein.

No, wer schon. Ihr Liebhaber. Der wird sich finden.

Ja?

Mattischek hat aufgelegt.

Der vierte Tag

Ich bin zur Insel geschwommen und, ohne an Land zu gehen, wieder zurück, begleitet von zwei Haubentauchern, die mich foppten, einmal knapp neben mir hochschossen, ein andermal weit entfernt. Ihr Spiel gab mir ein Gefühl von Schwerelosigkeit. Wenn ich untergehe, dachte ich, werde ich das Wasser einatmen wie Luft. Dabei achtete ich auf mein Herz, stellte fest, daß der Puls sich steigerte, dazu ein leichtes Stechen, und ich schämte mich dieser beinahe schon professionellen Hypochondrie.

Heute abend werde ich erfahren, wer bei mir für die nächsten drei Wochen am Tisch sitzen wird.

In der Rotation wartet er auf das erste gedruckte Exemplar. Auf Joschis Bildern fehlt das Morgenlicht. Allerdings halten sie die Vertraulichkeit zwischen dem Kommissar und Körner fest: Die beiden stehen nebeneinander, als müßten sie etwas aushandeln.

Er hat vergessen, die Bekanntschaft zwischen Mattischek und Körner zu erwähnen. Hat er es vergessen?

Er möchte den Fall weiter verfolgen. Ich werde das Feuilleton schon nicht vernachlässigen.

Joschi warnt. Fang bloß nicht an, auf eigene Faust zu recherchieren. Mattischek ist da übertrieben empfindlich.

Joschi läßt sich auch nur schwer zu einer neuen Ausfahrt überreden. Ich muß mich um meinen Laden kümmern; oder glaubst du, die Honorare, die euer Käseblatt bezahlt, reichen aus?

Sie fahren nach Burgstetten. Er hat nicht vor, Körner zu besuchen, fürchtet sich vor seiner Trauer.

Die Frau stamme aus dem Dorf. Körner nicht. Beide wohnten im Haus ihrer Eltern. Besonders beliebt sei das Ehepaar nicht gewesen. Das hatte er von einem Metteur aus Burgstetten erfahren.

Ob es Gerüchte gegeben habe? Ob sie oder er fremd gegangen seien?

Der Metteur riet ihm, den katholischen Pfarrer zu besuchen. Sie sei fromm gewesen, sagt er.

Das Dorf wehrt sich mit verschlossenen Türen und Fensterläden gegen ihn und Joschi. Es ist der einzige katholische Flecken in weitem Umkreis, erklärt Joschi, das kannst du spüren.

Auf dem Meldeamt gelingt es ihm ohne Umstände, die Beamtin zu überreden, ihm für »Pressezwecke« ein Paßfoto der Ermordeten zu überlassen.

Joschi fotografiert inzwischen das Haus von Marias Eltern.

Der Pfarrer empfängt sie unwillig, ein schwarzer Riese, der mürrisch seine Schäfchen verteidigt und außerdem geschützt wird von zwei lauernden Rottweilern.

Joschi zieht sich zurück, gibt vor, draußen im Auto warten zu wollen. Ehe ihnen die Wirtschafterin geöffnet hat, verwirrt Joschi ihn mit einer Kinderfrage: Wenn sie fremd gegangen ist, kann es auch ihr Mann gewesen sein, aus Eifersucht, meinst du nicht?

Der Pfarrer bittet ihn, auf einem durchgesessenen Sofa, in beträchtlichem Abstand von dem schweren Schreibtisch, Platz zu nehmen, hinter dem er sich verschanzt.

Fragen Sie, ich habe Ihnen von mir aus nichts zu sagen.

Sie kennen die Körners sicher gut, Herr Pfarrer.

Ihn kaum; Maria von klein auf. Ich habe sie getauft. Sie ist mein Beichtkind gewesen. Ja.

Mit diesem Ja verriegelt er sein Gedächtnis.

War die Ehe gut?

Was bedeutet für Sie »gut«?

Ich meine –

Der Pfarrer unterbricht ihn, erhebt sich. Was Sie *meinen,* können Sie, wenn Sie es unbedingt für notwendig halten, schreiben. Maria war ein liebes, nicht ganz einfaches Wesen. Mehr kann ich Ihnen nicht sagen.

Und Körner?

Er ist fleißig. Und er ist auf seine Ehre bedacht.

Beide Hunde beginnen plötzlich, ohne ersichtlichen Grund, zu knurren.

Zum Abschied überrascht ihn der Pfarrer mit einer Einladung: An Ihrer Stelle würde ich mir das Begräbnis von Maria nicht entgehen lassen. Grüß Gott.

Joschi schwenkt die Kamera über dem Kopf: Das Haus habe ich. Wir sollten noch in den »Löwen«.

Unter dem Eindruck der mühsamen Unterhaltung mit dem Pfarrer ist er sicher, daß hier, auf dem Platz zwischen Kirche, Kneipe und Marias Elternhaus alle Bilder aufeinanderfallen zu einem Stapel, den jede und jeder aus dem Dorf erklärend ausbreiten könnte.

Die arme Maria, meint der Wirt. Zuvor hat er im gleichen Tonfall gefragt: Was wollen Sie trinken? Er sei mit ihr zur Schule gegangen. Sie sei einem andern versprochen gewesen. Das gäbe es ja heute nicht mehr. Aber ihre Eltern und die von Carlo hätten es gern gesehen. Sie sei sicher die Schönste im Dorf gewesen. Und wenn er das so ausdrücken dürfe, eine Zeitlang nicht gerade wählerisch. Eben eine wilde Hummel. Schö ond et zom Fasse. Ja.

Und Körner?

Der isch halt a Flüchtling. Wie der und Maria sich gefunden hätten, sei ihm ein Rätsel, sagt der Wirt. Auf einmal seien sie ein Paar gewesen. Maria habe Wert darauf gelegt, daß sie sich kirchlich trauten.

Er bestellt ein Glas Most. Joschi trinkt Bier.

Wie haben sie zusammen gelebt, danach?

Des, wenn i wüßt. I woiß et. I kann's et saga.

Mit Absicht redet der Mann im Kreis. Was er weiß, will er nach dem gewaltsamen Tod Marias nicht mehr wissen. Der Körner isch scho treu gwä, sagt er, verzieht sich hinter den Tresen, macht sich klein. Vor lauter Schaffa isch dem sonscht nix eigfalla.

Und Maria?

Des ka i et saga.

Das kann er nicht sagen, das läßt er offen. Hinter seinem vorgeschützten Unwissen tuschelt und redet das ganze Dorf: Daß Maria sich heimlich mit einem andern traf, vermutlich einem Fremden, einem aus Giengen oder aus Heidenheim. Daß sich ihr Zigeunerblut geregt habe.

Hier oben sind vor langer Zeit Zigeuner ansässig geworden, erklärt der Wirt, und in jedem von uns steckt einer. Des isch's.

Ob er wisse, daß Körner mit dem Kommissar Mattischek von der Landespolizei bekannt sei?

Der Wirt versenkt verblüfft das eben gefüllte Schnapsglas in den Abwasch.

Das halt ich für ein Gerücht.

Joschi drängt: Wir müssen unbedingt noch nach Giengen.

Nach Giengen? fragt ihnen der Wirt nach, ohne eine Antwort zu bekommen.

Joschi startet unter Flüchen das kleine Auto.

Erst als sie schon den Ort verlassen haben, der sich hinter ihnen schließt wie eine Muschel mit allen Erinnerungen, dem Geschwätz und den Ängsten, sagt Joschi: Du solltest dich um das Alibi von Körner kümmern. Ob der tatsächlich gearbeitet und gestempelt hat.

Er ärgert sich, daß Joschi ihm zuvorkommt.

Der Personalchef der Fabrik läßt sie warten. Inzwischen spielt er mit Joschi durch, wie Körner gemogelt und die Stempelkarte gefälscht haben könnte mit Hilfe eines Kumpels. Zugleich reden sie sich den Verdacht aus.

Ähnliches bekommen sie auch vom Personalleiter zu hören, einem für diesen Posten erstaunlich jungen Mann, der sie zurechtweist, wie sie überhaupt darauf kämen, Körner so zu mißtrauen, er sei einer der besten Leute in der Fertigung, Meister schon seit Jahren. Wenn er einen wüßte, der Streitigkeiten zu schlichten verstünde, auf den die meisten hörten, dann sei es Körner, und jetzt erschienen sie und brächten Unruhe, allein durch Ihre Anwesenheit, sage ich Ihnen, wird es Gerüchte geben.

Die Stempelkarte wird gebracht. Sie ist in Ordnung.

Ob er, ohne zu stempeln, das Werk verlassen haben und ein anderer für ihn eingesprungen sein könnte?

Nein.

Kann ich die Personalakte einsehen?

Nein.

Der Mann schiebt sie zur Tür hinaus.

Auf dem Gang halten sie an und hören noch, wie er mit dem Pförtner telefoniert: Die müßten gleich bei Ihnen sein.

Einige Landschaften werde ich, schließe ich die Augen, immer sehen. Ich bin auf sie zugestürzt und sie sind in mich hineingefallen. Es brauchte eine Weile, bis sie hinter meinen Lidern fest wurden. Nun kann ich sie anschauen, wann immer ich will. Habe ich Lust, in Gedanken den Boden unter den Füßen zu verlieren, blicke ich vom Nürtinger Galgenberg hinüber zum Albtrauf, zum Neuffen, Jusi, Beurener Fels, und atme die Bläue wie ein berauschendes Gas ein. Will ich mir aber, auch im Sommer, den Herbst rufen, sehe ich auf ein Stück Härtsfeld, zum Beispiel bei Königsbronn, auf eine Hochheide, das Gras räudig und die Wacholderbüsche schwarz, wie aus Pech gezogen.

Fräulein Gräbner hat ihm die Akte mit sämtlichen Veröffentlichungen über Mattischek herausgesucht. Für einen Landespolizisten habe er bemerkenswert viele Erfolge, findet sie.

Mattischek ist noch gar nicht so lange im Amt. Seit 1952. Aus dem Artikel, den der damalige Lokalchef schrieb, erfährt Pickart nicht viel: Soldat in Frankreich und Rußland. Nach dem Krieg in der Landwirtschaft. Danach wieder, wie vor dem Wehrdienst, Polizist.

Remberg, der politische Redakteur, bei dem Pickart sich erkundigt, wiegelt ab. Er gehört, wie Mattischek, der CDU an. Du sollst nicht hinter einem Polizisten herschnüffeln, sondern über einen noch nicht aufgeklärten Mord berichten. Wenn sich Mattischek über dich beschwert, Pickart, bekommst du es mit mir zu tun.

Eineinhalb Wochen, nachdem Maria Körner in dem Steinbruch gefunden worden war, wird sie beerdigt, auf dem kleinen, wie eine Stube in den Wald geschnittenen Friedhof von Burgstetten.

Joschi und er sind lange vor der Zeit dort. Der Mesmer schließt ihnen die Friedhofskapelle auf, bittet sie, die Ruhe der Toten nicht zu stören, und wundert sich dennoch, daß Joschi die Leiche nicht fotografiert.

Die Spur hat ihn bis hierher geführt. Er hat sich einen Täter vorgestellt, den Kerl, mit dem Maria ihren Mann betrog. Nun zaudert er, fürchtet sich vor dem Anblick. Maria ist die erste Tote nach der Mutter, nach dem unausgesprochenen Schwur, nie mehr zu einer Beerdigung zu gehen. Maria gleicht der Mutter, denkt er. Die eine hat sich umgebracht, die andere ist umgebracht worden. Die eine erstickte an sich selbst, die andere wurde erwürgt.

Man hat Maria ein weißes gestärktes Hemd angezogen. Ein hoher Kragen umschließt den Hals. In den gebrochenen, gefalteten Händen steckt ein Feldblumenstrauß. Ihr langes, schwarzes Haar rahmt auf dem weißen Kissen das wie in Spott erstarrte Gesicht. In Gedanken redet er sie beim Vornamen an, Maria, ohne daß es ihm vertraulich vorkommt. Es hat ihn auch nicht gewundert, daß sie 1911 geboren wurde, wie Mutter.

Draußen erwartet ihn der Pfarrer.

Nun, wissen Sie inzwischen etwas mehr?

Warum hat sie so spät geheiratet?

Das können Sie sich doch denken. Als überwältigten den Priester unerlaubte Erinnerungen, schoß ihm Blut ins Gesicht. Im Krieg hat sie sich immer wieder mit Fremden, mit Soldaten, sogar mit französischen Kriegsgefangenen eingelassen. Das glich schon einer Sucht. Körner kam ja später, auch als ein Fremder.

Und ihre Eltern?

Mit gespreizten Händen fuhr sich der Pfarrer über die Soutane. Die haben sie gewähren lassen. Maria war wild, aber auch wieder lieb und verständig. Nachdem Körner sie geheiratet hat, war alles vergessen.

Auf wen soll ich besonders achten?

Sie schreiben für die Zeitung, nicht ich.

Er läßt den Pfarrer stehen, läuft an dem frisch ausgehobenen Grab vorüber, aus dem Friedhof hinaus, in den Wald hinein.

Als er zurückkehrt, haben sich die Trauernden vor der Kapelle versammelt.

Der Zug ordnet sich. Der Mesmer und der Pfarrer vor dem Wägelchen. Dahinter Körner, für sich allein.

Mit einem Abstand, der zum Vorwurf wird, die alten Eltern. Ihnen folgen vermutlich Verwandte und dann die Leute aus dem Dorf, die nicht zur Arbeit müssen oder die sich frei genommen haben. Maria zuliebe. Sie schwitzen in ihren schwarzen Anzügen und Kleidern.

Als letzter kommt Mattischek, begleitet von zwei Polizisten.

Soll ich mich auf Körner und auf die Eltern konzentrieren? fragt Joschi.

Auf alles, was dir ungewöhnlich vorkommt.

Der Priester spricht.

Pickart schließt die Augen.

Ich höre Martin Lörcher predigen; damals auf dem Friedhof in Nürtingen. Die schwere, die Wörter wägende Stimme tröstet den Jungen, der keinen Trost haben will. Unsere Zeit hat diese Frau zermürbt und müde gemacht, sagt Lörcher, diese Häufung von Verbrechen und Ungerechtigkeit. Wir alle haben sie im Stich gelassen.

»Und vergib uns«, sagt der Priester.

Joschi stößt ihn in die Seite. Schau den jungen Mann an, Pickart, dort am Rand. Der heult wie ein Schloßhund, völlig verrückt vor Schmerz.

Der Sarg wird in die Grube gelassen und der Priester spricht die Formel: »Erde zu Erde, Staub zu Staub.«

Dann tritt jeder an den Rand des Grabs, wirft eine Handvoll Erde oder ein Sträußlein auf den Sarg. Die Erde pocht lauter als die Blumen.

Wie Knöchel an eine Tür, denkt er.

Der Schluchzende hat sich gefaßt, rührt sich nicht von der Stelle, auch nicht, als die Schwarzgekleideten an den Eltern und dem Mann vorüberziehen. Joschi will aufbrechen. Er hält ihn am Ärmel fest. Wir haben Zeit.

Der Pfarrer fragt im Vorübergehen: Hend Se ebbes gmerkt?

Noi.

Der Mann, der für sich getrauert hat, nähert sich auf einem Umweg dem Grab. Dort schlägt er ein Kreuz, kniet nieder.

Pickart starrt auf den Rücken, wendet sich ab, geht aufs Friedhofstor zu. Dieser Kerl ist ihm, obwohl er ihm zum ersten Mal begegnet, vertraut. Er kommt aus seinem Gedächtnis. Es könnte sein, daß er Joseph heißt, sagt er. Ihr Liebhaber ist er auf alle Fälle gewesen.

Mattischek läßt telefonisch zu einer Pressekonferenz ins Kommissariat einladen und fängt eine Geschichte an, die die Erinnerung an Joseph T. tilgt.

Der Mann heiße Sylvio Krämer, arbeite in derselben Fabrik wie Körner. Sie kannten einander. Maria, fährt er anzüglich fort, habe sich beiden Männern verbunden gefühlt, ihrem Ehegatten ebenso wie Sylvio, ihrem Liebhaber. Das Verhältnis dauere schon eine Weile. Körner habe keine Ahnung gehabt. Erst nach dem Tod Marias habe er davon erfahren. Krämer befinde sich in vorläufiger Haft, er stehe unter dem Verdacht, seine um elf Jahre ältere Geliebte erwürgt und erschossen zu haben. Krämer stamme aus Burgstetten. Er lebe dort allein. Seine Eltern seien vor vier Jahren nach Schwenningen gezogen. Das sei vorerst alles. Der mutmaßliche Täter werde verhört. Er habe noch nicht gestanden.

Warum soll er sie umgebracht haben? Er hat sie doch geliebt.

Hast du eine Ahnung, was alles der Mensch aus sich macht. Joschi ist sicher wie Mattischek.

Zum Abendessen ist der Tisch komplett. Zwei Frauen, frisch operiert, die Reißverschlußnaht dunkel graviert bis zum Hals, und ein braun gebrannter, weißhaariger Mann, der sich, wie er beteuert, bloß zur Erholung in der Mühle aufhalte; die Operation habe er längst hinter sich.

Wir tauschen Höflichkeiten aus.

Die Runde könnte sich, habe ich den Eindruck, in den kommenden drei Wochen vertragen. Gestört werden will keine und keiner. Die Distanzen bleiben.

Am Nachmittag schwimme ich ausdauernd und flüchte mit anderen vor einem herannahenden Gewitter.

In meinem Postfach finde ich die Mitteilung, daß ich morgen um elf bei Doktor K. vorsprechen solle. Es sei ein Gespräch »notwendig« geworden. Ich rufe zu Hause an, sage es M.

Hast du Angst?

Ich versichere ihr (und mir), daß dem nicht so sei. Wovor? Ich mit meiner dicken Herzwand.

Der Patient in der Mühle ist, ich weiß es längst, ebenso eine Fiktion wie Jamin oder Pickart. Was den, der ich vor einem Jahr gewesen bin, mit mir verbindet, ist unsere Krankheit. Die Erinnerung nicht. Sie verändert sich mit den Anstößen, durch die sie ausgelöst wird.

Ich könnte mir die Ausgaben der Heidenheimer Zeitung von damals schicken lassen und mit deren Hilfe eine Wirklichkeit rekonstruieren, die so wahr ist wie jede Geschichte, in der wir eine Rolle spielen wollen. Nach fünfunddreißig Jahren kann ich mich über

Rembergs spöttische Weisung hinwegsetzen: Dichten kannst du nach der Arbeit, Pickart, für uns hast du zu berichten, sonst nichts. Ich kann aber auch alle die theoretischen Vor- und Nachschriften, die die Erzählkunst gängeln, vergessen, kann, alles wissend, in die Köpfe aller springen, mich mit Mattischek über den allzu eifrigen Spürhund Pickart ärgern, mit Sylvio Krämer geradezu erdrückt werden von seiner sprachlosen Ratlosigkeit, mit Körner unerbittlich werden vor Furcht.

Aber will ich das? Verderbe ich mir nicht meine Geschichte, indem ich Pickart wissen lasse, was er, solange Mattischek Sylvio verhört und die Öffentlichkeit in Schach hält, nur ahnt? Daß es nämlich gar nicht um Sylvio geht.

Männer wie Krämer, die Wert legen auf ihr blendendes Aussehen, sogar noch ein Kettchen um den Hals tragen, hält der Kommissar für weibisch und tückisch. Außerdem stammt der Bursche unverkennbar von Zigeunern ab.

Sylvio muß auf einem Schemel ohne Lehne Platz nehmen.

Sitzen Sie bequem? fragt Mattischek, und da er keine Antwort erwartet, verblüfft ihn Sylvios Gegenfrage: Soll ich denn bequem sitzen, Herr Kommissar?

Mattischek geht um den Schreibtisch, hält kurz an einem der beiden Fenster an, öffnet es, so daß sich der Raum mit Geräuschen von draußen füllt, setzt sich dann auf eine Bank, die im Rücken Sylvios steht.

Wenn Sie mich schon so fragen, Krämer, bequem sollen Sie es hier nicht haben, nein.

Sylvio dreht sich nicht zu ihm um. Der Kommissar sieht, wie sich der Nacken vor ihm strafft. Seine Erfahrung sagt ihm, daß Krämer jeder Finte im Verhör gewachsen sein wird, einer von denen, die, weil sie seit eh und je gejagt werden, die Jäger jagen, ohne daß die es merken.

Wann haben Sie Maria Körner zum letzten Mal gesehen?

Nun wendet sich Sylvio Mattischek zu: Haben Sie mit Justus nicht darüber gesprochen?

Das ist meine Sache. Ich will es von Ihnen wissen.

Sylvio lehnt sich mit dem Rücken gegen den Schreibtisch und fängt an zu erzählen, spricht eher mit sich selber, als daß er Mattischek antwortet: Ich konnte Maria nicht überreden, sich scheiden zu lassen, wirklich nicht. Sie ist gläubig, fromm. Um nichts in der Welt hätte sie sich mit ihrer Kirche angelegt, mit diesem Pfarrer, vor dem sie Angst hatte. Sogar wenn wir uns liebten, war der Pfarrer anwesend. Es war zum Verrücktwerden. Als wir uns zum ersten Mal umarmten, küßten, weinte sie, weil sie sich schämte, weil sie unrecht getan hätte. So sagte sie. Ich konnte sie nicht trösten. Obwohl sie mich gleich wieder küßte und mehr wollte. Ich auch. Das war am 7. Juli 1951, vor vier Jahren. Beinahe schon eine Ewigkeit her. An unserer Liebe hat sich nichts geändert. Wir freuten uns aufeinander, die ganze Woche. Wenn wir uns im Steinbruch trafen, bin ich meistens zuerst dagewesen. Wir haben uns geliebt, im Sommer unter der gelben Steinwand und im Winter im Geräteschuppen. Warum soll ich sie umgebracht haben? Sie war mein Leben.

Mattischek hat vergeblich versucht, ihm ins Wort zu fallen. Nun will er wissen, was Sylvio schon aufs Datum genau erzählt hat: Wann haben Sie Maria Körner kennengelernt?

Das habe ich doch schon gesagt. Genau am 7. Juli vor vier Jahren.

Mattischek fährt sich mit dem Finger über die Lippen. Und Körner ist nichts aufgefallen, er war einfach der Dumme?

Wenn Sie es so sagen.

Sylvios Gelassenheit bringt ihn auf. Aus einem Aktenhefter zieht er eine Fotografie Marias, legt sie auf den Tisch zwischen Sylvio und sich, streicht mit dem Handrücken darüber, sagt: Sie muß schon ein ausgebufftes Luder gewesen sein. Wahrscheinlich hat sie nicht bloß mit Ihnen gevögelt. Worauf er Krämer einen prüfenden Blick zuwirft und grinst. Und streng katholisch dazu.

Sylvio schüttelt nur mißbilligend den Kopf, als habe er es mit einem unartigen Schüler zu tun: Daß Sie so reden können.

Der Kommissar reibt mit dem Rücken der rechten Hand die Tischkante und erklärt tonlos: Sie haben sie umgebracht, Krämer, kaltblütig. Sie werden reden. Ich habe Zeit. Ich werde Sie zum Reden bringen. Mit Kerlen wie Ihnen habe ich meine Erfahrung.

Sylvio lächelt: Des glaub i.

Mattischek nimmt den Telefonhörer ab und verlangt mit freundlicher Stimme, daß der Verdächtige wieder in Haft gebracht werde.

Sylvio ist mir am nächsten. Genaugenommen braucht ihn meine Novelle nicht, er ist kaum mehr als ein Vorwand, eine bösartige Realität zu entlarven.

Ich werde später schreiben, was ich jetzt zu schreiben vorhabe. Jetzt, nach dem Aufenthalt in der Lauterbacher Mühle, komme ich auf Mattischek und jetzt vor einem Jahr, habe ich mich Doktor K. gegenübergesetzt und darauf gewartet, was er mir erklären wird.

Wir müssen uns Klarheit verschaffen, meinte er.

Jetzt.

Je älter ich werde, um so heftiger klammere ich mich an dieses Wort: jetzt.

Jetzt höre ich Doktor K. zu, voller Befürchtungen.

Die Tomografie, auch eine Röntgenaufnahme genügten nicht. Erst mit einem Katheter seien die koronaren Schäden genau festzustellen. Ich erinnere mich an einen Arzt namens Forssmann, der sich als erster in einem Selbstversuch über die Armbeuge den Katheter eingeführt hat, mitten ins Herz.

Heute ziehe man es vor, den Katheter von der Leiste aus anzusetzen. Da bleibe nichts, nicht einmal eine Narbe.

Die Angst stößt gegen mein Herz, treibt mir das Blut in einer heißen Welle den Hals hoch.

Sie können es sich überlegen, sagt Doktor K.

Das brauche ich nicht, antworte ich, ich bin einverstanden.

Dann werde er mit München den Termin besprechen und mir sobald wie möglich Bescheid geben.

Ich beginne eine eigene Zeitrechnung zu entwikkeln: Vor der Angiografie und danach. Meine »Novelle« zum Beispiel schreibe ich »danach«, obwohl sie mir »davor« einfiel, als ich beunruhigt um den See lief, mir überlegte, ob ich mich nicht mit einer Arbeit ablenken, eine Erzählung anfangen könnte, die nichts zu tun hat mit meiner Krankheit. Oder doch?

Seit mehr als einer Woche befindet sich Sylvio in Untersuchungshaft. Die Konkurrenzzeitung hat sich damit abgefunden, in ihm den Mörder zu sehen.

Was beunruhigt dich eigentlich, Pickart? fragt Remberg. Mach dein Feuilleton. Später kannst du über den Prozeß berichten, wenn dir die Angelegenheit so wichtig ist.

Auch Uli Reiss hält den Fall Körner für gelöst. Ist dir aufgefallen, fragt er, daß du Krämer grundsätzlich beim Vornamen nennst, in allen deinen Artikeln, und daß du dich parteiisch machst?

Im nachhinein fällt mir ein Satz ein, mit dem ich Sylvio charakterisieren wollte, seine Fremdheit, die ihn für Mattischek von vornherein verdächtig machte:

Er hat Wimpern wie ein Mädchen, viel zu lang.

Remberg hatte ihm diesen Satz gestrichen: Du dichtest mal wieder, Pickart und, wenn ich mir die Kritik erlauben darf, ziemlich trivial.

Der Burgstettener Pfarrer setzt die Geschichte fort, die Pickart zu entfallen droht.

An einem Nachmittag ruft er an.

Remberg hält ihm den Hörer hin: Es ist für dich, Pickart.

Ja?

Hier Pfarrer Grüber. Vor einiger Zeit haben Sie mich besucht, zusammen mit einem Fotografen.

Ja, und bei der Beerdigung von Maria haben wir uns gesprochen.

So isch's. Dätet Sie nomal komma?

Dieses Mal fährt er allein auf der Vespa. Der Sommer hat die Hochheide verbrannt. Der Wacholder duckt sich noch krüppeliger und finsterer in der flakkernden Helligkeit. Er hat keine Eile. Die Straße ist wenig befahren.

Schon bei der ersten Begegnung ist ihm der Pfarrer nicht geheuer gewesen. Vielleicht, weil er als einziger etwas weiß und es verschweigt.

Dieses Mal bleiben die Hunde ruhig. Die Haushälterin bringt, kaum haben sie in dem düsteren Arbeitszimmer Platz genommen, grußlos einen Krug mit Most und zwei Gläser.

Wie lang sind Sie eigentlich schon hier in Burgstetten, Herr Pfarrer?

Er lächelt: Mehr als ein Leben, mein Lieber. Genau gesagt: vierzig Jahre.

Also auch während des Dritten Reichs?

Ja. Er fährt mit der Hand über den Schreibtisch auf Pickart zu. Sagen Sie das nicht, Drittes Reich. Das ist ein abscheulicher Begriff. Ich kenne bloß ein Reich, das Reich Gottes. Was Sie meinen, ist Hitler-Deutschland. Damals hat man uns verdächtigt, Zigeuner zu sein, und es verschwanden auch ein paar Menschen aus Burgstetten. Sie wurden in Birkenau ermordet. So isch des. Auch ein Vetter von Maria.

Pickart schaut sich im Zimmer um. Warum hat der Pfarrer ihn hergebeten?

Vieles ist einfach weitergegangen, als wäre nichts passiert, sagt der Pfarrer.

Meinen Sie die Zeit nach dem Krieg, daß Leute, die unter Hitler mächtig waren, nach einer Pause wieder erschienen?

Das auch. Nur ist es komplizierter, junger Mann, und es gibt ein furchtbares Maß von Ungerechtigkeit. Ich habe viel in mein Gedächtnis eingeschlossen. Vielleicht ist das die ärgste Last, die einem Priester aufgeladen wird.

Er hebt das gefüllte Glas. Schmeckt er Ihnen? Ohne

auf eine Antwort zu warten, mischt er in einem Satz Erklärung und Andeutung: Mir ist es wichtig, daß gleich viel Birnen wie Äpfel gekeltert werden, was mir übrigens Marias Vater geraten hat. Der machte den besten Most im Dorf, und Körner hat ihn so gut wie nie getrunken. Der mag Bier. Ihm habe ich, das sollten Sie wissen, die Beichte abgenommen, wie Sylvio auch und wie vor ihrem Tod Maria.

Haben Sie mit Körner Kontakt?

Einen besseren als früher. Jetzt kommt er auch in die Messe.

Pickart erhebt sich mit einem Ruck: Ich muß gehen.

Nachdenklich schaut der Pfarrer zu ihm hoch: Haben Sie mit Sylvio nach seiner Verhaftung sprechen können?

Nur einmal. Er hat nichts gestanden.

Das hat er nicht. Das wird er nicht. Er hat Maria nicht umgebracht.

Wer dann?

Der Pfarrer steht ebenfalls auf, vermeidet es, ihn anzuschauen. *Mich* anzuschauen, will ich schreiben, denn er, der vermutlich nicht mehr am Leben ist, ist körperlich nah, ich höre ihn atmen, atme den Duft ein in dem auf einmal sehr kühlen Zimmer – es ist ein Geruch von Weihrauch und überreifen Äpfeln.

Wer, meinen Sie, hat die Untat begangen?

Ich weiß es nicht, Herr Pfarrer. Auf keinen Fall Sylvio Krämer.

Er führt Pickart zur Tür, ohne daß die Haushälterin erscheint. Die Hunde laufen hechelnd neben ihnen her. Gott befohlen! Seine Stimme klingt merkwürdig tief und rauh. 's isch scho recht, daß Sie so denket, i moin mit dem Sylvio.

Ich erzähle M. am Telefon, daß ich nun auch zu den Ausgezeichneten gehöre und vierundzwanzig Stunden mit dem schwarzen Koffer des Langzeit-Elektro-kardiogramms herumlaufe. Seither bewege ich mich wie unter Aufsicht.

Ich ruhe.

Ich mache mit den anderen Gymnastik.

Ich schlafe, wie oft, beim autogenen Training nach dem Mittagessen ein.

Ich gehe spazieren, laufe um den See, renne, um mich anzustrengen, einen Waldhügel hinauf.

Der Kasten beginnt zu wirken. Er zeichnet nicht nur auf, er verändert und beeinflußt mich. Er macht mir diese Idylle abspenstig. Die Natur zerfällt vor meinen Augen; um so finsterer, von einem Rußrand gerahmt, erscheint mir das schöne Bild, in das ich hineingehe. Der See, der schwarz vom moorigen Grund zwei Inseln auf sich treiben läßt, von Schilfgefieder dicht besetzte Flöße, und die Wiesenstücke, die sich in den ans Ufer grenzenden Wald kerben, die vollkommen und künstlich im Blau schwimmenden Berge am Horizont – dies alles erlischt in mir und vor meinen Augen. Es erstickt, so wie ich den Atem zu verlieren glaube.

Ich lege mich, auch damit mein Kästchen etwas Neues zu lesen bekommt, auf eine Wiese am See. Warum halte ich nicht den Atem an, vergesse mich, gehe einfach verloren?

Der kleine Apparat schreibt auf, was meinen Körper am Leben hält.

Erzähle ich, damit mich die Zeit nicht vergißt?

Nachdem ich das Meßgerät losgeworden bin, teilt mir Doktor K. mit, daß er mit dem EKG zufrieden sei, ihn allerdings eine Unregelmäßigkeit beunruhige: Mein Herz – er zeigt auf die Mitschrift – setze nämlich nachts mehrfach aus, einmal sogar für drei Sekunden. Es könne sein, daß er mir, sobald er den Befund mit den Ergebnissen der Angiografie vergleiche, zu einem Schrittmacher raten werde.

Ich sehe auf dem Blatt die Pause, sehe, daß ich für Sekunden abwesend war, und ich bin mir plötzlich sicher, unterwegs, als ich die Welt erlöschen sah, nicht übertrieben zu haben.

Ich bin probeweise vorausgestorben.

Pickart konnte von der Begegnung zwischen Krämer und Körner nichts wissen. Ich erfinde sie, um die Spannung der Novelle zu erhöhen. Ohne sie hätte Mattischeks List keinen Grund.

Mattischek kommt, was ungewöhnlich ist, Körners Bitte, Krämer in der Untersuchungshaft zu besuchen, ohne Zögern nach. Er fragt nicht einmal, weshalb er ihn sprechen wolle, macht nur zur Bedingung, daß die Unterredung nicht länger als eine Viertelstunde dauern dürfe und in Gegenwart eines Beamten geführt werden müsse.

Nach der Schicht fährt Körner mit dem Fahrrad nach Heidenheim. Es schüttet aus Kübeln. Er ist bis auf die Haut naß, als er sich an der Pforte meldet. Er könnte das alles träumen und Sylvio ebenso. Vielleicht träumt einer des andern Traum. So bewegen sie sich auch und reden miteinander. Sie gehen aufeinander zu, geben sich nicht die Hand, halten inne, lauern auf das erste Wort des andern, bis Körner sich aufrichtet, als wolle er zu einem Schlag ausholen, Sylvio sich unwillkürlich duckt und mit einem trockenen Lachen die Spannung löst, seine Hand auf Körners Schultern legt und sagt: Daß du mich besuchen kommst.

Dann setzen sie sich einander gegenüber an den kleinen Tisch mit der abgewetzten grünen Kunststoffplatte. Der Beamte nimmt Platz auf einem Stuhl neben der Tür.

Daß du mich besuchen kommst, Justus.

Körner schiebt die gefalteten Hände vor sich hin und her und vermeidet es, Sylvio anzusehen.

Jetzt, wo ich da bin. Er stockt.

Sylvio lächelt hilflos: Ja?

Körner sucht nach Worten: Also – ich hab das gewußt von Maria und von dir.

Ja? Sylvio fragt, obwohl er nicht fragen möchte: Ja?

Weißt du, ich möchte wissen –

Ja?

Ob du am Sonntag im Steinbruch gewesen bist.

Wie von Magneten gezogen, bewegen sich auf der Tischplatte ihre gefalteten Hände aufeinander zu, Doppelfäuste, die Knöchel weiß vom Druck.

Nein, Justus.

Sicher nicht?

Noi – und du woisch's.

Woher soll ich das wissen, Sylvio?

Des muasch dir scho selber sage.

Sie schweigen, schauen aneinander vorbei, spüren ihre Nähe, ihre lautlose Verzweiflung und merken nicht, daß der Beamte aufgestanden und herangetreten ist.

Du bist es also nicht gewesen?

Noi, des woisch du auch, Justus.

Wie kommst du darauf?

Weil du des woisch.

Aber du mußt zugeben – Körner spricht sehr leise –, daß es nicht gut von euch beiden war, diese Sache miteinander anzufangen.

Diese Sache?

Nun schaffen sie es, sich in die Augen zu sehen. Sie tun es mit einer geradezu verzückten Konzentration.

Der Beamte klopft auf den Tisch. Sie schrecken auf. Ohne sich die Hand zu geben, verabschieden sie sich.

Ade.

An der Tür wendet sich Sylvio, der von dem Beamten abgeführt wird, noch einmal um: Der Mattischek glaubt mir nicht. Er hält mich für schuldig.

Ehe die Tür zuschlägt, ruft Körner ihm nach: Ich werde mit ihm reden, Sylvio.

Joschi hat es abgelehnt, grundlos so früh aufzustehen. Keiner der Männer, die mit Körner zusammen arbeiteten, würde Pickart Auskunft geben. Er laufe höchstens Gefahr, Prügel zu beziehen. Ich glaube auch nicht, daß Krämer die Frau umbrachte, Pickart, doch klemme dich lieber hinter Mattischek. Der weiß inzwischen bestimmt eine Menge, und du vergraulst ihn bloß mit deinen Alleingängen.

Ich werde mich vors Fabriktor stellen, morgen um sechs, und fange einen von der Spätschicht ab. Auf den Versuch kommt's an, Joschi. Ich glaube, daß das Alibi von Körner getürkt ist.

Wenn Körner dich erwischt, Pickart?

Damit muß ich rechnen. Ich werde ihm nichts vormachen.

Sie gerieten tatsächlich aneinander.

Da hat er bereits erfahren, was Mattischek offenbar schon seit ein paar Tagen weiß: Körner hat gelogen.

Der Arbeiter, der ihm das, ohne zu zögern, verriet, fügte hinzu: Die Polizei weiß Bescheid. Nicht allein von mir.

Als Körner sie entdeckte, inmitten der müden Arbeiter, deren morgendlicher Zug sich um sie herum teilte, verschwand der Mann. Er wolle sich mit Justus nicht anlegen. Der sei ein guter Kumpel.

Er sieht Körner beklommen entgegen. Der Morgen hat ihn eingestimmt, die Fahrt mit der Vespa übers Härtsfeld, wo das frühe Licht den Nebel zu schmelzen begann, er auf der nassen Fahrbahn den Roller nur mühsam in der Spur halten konnte. Er macht sich auf alles gefaßt, auf Gebrüll, auf eine Rangelei, aber nicht darauf, daß er sich, während Körner ohne Eile, den einen oder andern grüßend, auf ihn zugeht, mit einem Mal lächerlich vorkommt, sich fragt, wieso er diesen Mann, den zu begreifen er gar nicht erst versucht hat, so unerbittlich verfolgt.

Körner tut nichts von dem, womit er gerechnet hat, legt ihm vielmehr die Hand gönnerhaft auf die Schulter, sagt, schon im Weitergehen: Jetzt wissen Sie alles und doch nichts.

Er erzählt Uli von der Begegnung und gesteht, sich nie so dumm, so verkauft vorgekommen zu sein. Nachts, nach dem Dienst in der Redaktion, schreibt er eine Notiz für später.

Ich schreibe sie jetzt, kehre für die Dauer dieser Sätze zu ihm zurück:

Körner hat mich hochgenommen, und trotzdem fühle ich mich ihm zum ersten Mal verbunden, möchte ihn sogar – das ist schon kurios – beschützen gegen mich, gegen meine Nachstellung, die ich nicht mehr verstehe, mir nur damit erklären kann, daß ich mit Körner einen anderen meine, und es nicht wage, mir das einzugestehen, zu feige bin, offen zu sagen, daß Körner für Mattischek steht. Wahrscheinlich hat Körner Maria umgebracht aus Eifersucht, vielleicht auch, weil nichts mehr zwischen den beiden war, Maria zu fremd, zu aushäusig geworden war, er fürchten mußte, daß das Dorf, das ihn ohnehin nur widerwillig aufgenommen hatte, sich gegen ihn wenden würde. Marias Verwilderung wäre eine Geschichte für sich. Sie würde alle kitschigbunten Zelluloidfolien von Heimat zerstören. In Burgstetten gibt es keinen Großbauern mit Namen Rudolf Prack und keine Sonja Ziemann, die das Land- und Waldleben erst durch die Liebe kennenlernt. In Burgstetten gibt es bloß arme Abendbauern und ihre von der Acker- und Stallarbeit erschöpften Frauen, gibt es Pendler, drei Wirtschaften und die Kirche samt Priester, der, wenn's darauf ankommt, zwischen Hölle und Himmel vermittelt.

Ich sollte mich mit Körner aussprechen, ihn nach Mattischek fragen, denn ich bin sicher, die beiden wissen eine Menge voneinander. Wenn Körner Vertrauen zu mir faßte, könnte ich ihn bitten, mir seine Fotos zu zeigen, nicht die mit Maria, nicht die Bilder von seiner Hochzeit, sondern ältere Fotos, die aus dem Krieg, als Körner jemand war, einen Rang hatte, nicht kuschen mußte vor dem Dorfklatsch, der ihm egal war, den er nur wegen Maria ernst nahm. Auf diesen Bildern würde ich sicher seinen Kameraden Mattischek entdecken. Oder doch nicht? Beide sind nicht von hier, sie kommen aus den Sudeten, könnten also Jugendfreunde gewesen sein, sich später aus den Augen verloren und hier wieder getroffen haben.

Schöpfe ich nicht Verdacht nur aus einem schäbigen, ganz privaten Grund? Mich erfaßt, wann immer ich das Znaimer, Reichenberger, Trübauer Idiom höre, eine platte volkstümliche Selbstgerechtigkeit, ein tiefer Widerwillen gegen jene Oberlehrer, die mir, dem Zehnjährigen, einredeten, daß Adolf Hitler siegen werde und die Juden, Bolschewisten, Freimaurer Schuld an ihrem Leid trügen.

Der Burgstettener Pfarrer redet weiter in meine Geschichte hinein.

Von ihm hört Pickart, daß Sylvio in den nächsten Tagen freigelassen werde. Zwar stehe er weiter unter Verdacht, doch habe er nicht gestanden, es gebe keine Beweise gegen ihn.

Und Sie? drängt Pickart den Pfarrer, Sie haben von nichts eine Ahnung und sind heilfroh, daß es Krämer nicht traf?

So ist es, junger Mann.

Mattischek hingegen verschanzt sich und läßt sich bei Anrufen verleugnen. In der Mordsache Körner gebe es keine Neuigkeiten.

In einem offenen Brief will er dem »verehrten Herrn Kommissar« vorwerfen, daß er die Unklarheiten dieses Falles für sich ausnütze, indem er die Schuld einem »Unbekannten« zuschiebe. Das halte er, der Absender dieses Schreibens, für einen Vertuschungsversuch, und der Kommissar müsse ihn, wenn schon, mit Tatsachen eines besseren belehren.

Du drückst dich wie ein verspäteter Thomas-Mann-Schüler aus, Pickart. Remberg hält die Glosse für unsinnig und schlecht geschrieben. Mit ihr schadest du allenfalls Krämer, für den du ohnehin zu deutlich Partei genommen hast. Schreib Gedichte, Pickart, als Kriminalist bist du eine Fehlbesetzung.

Bei Joschi macht er seinem Ärger Luft. Remberg sorgt mal wieder für Wohlverhalten. Was soll im Dreck gerührt werden, wenn er sich längst schon gesetzt hat. Wer kann ihm das übelnehmen. Ein braver Deutscher hat sein Schicksal und das verwaltet er mit Gottes Hilfe und einer lückenhaften Erinnerung.

Sie sitzen im Café Sommer.

Warum gibst du den Krempel nicht an Uli ab? Er wird damit zurechtkommen.

Ich denke nicht daran.

Joschis Händen fehlt das gewohnte Instrument, die Kamera. Unruhig rutscht er auf der Bank hin und her, winkelt einen Arm an, stützt mit der offenen Hand das Kinn, schüttelt den Kopf, lehnt sich gegen die Banklehne und beginnt atemlos zu reden:

Du bist ein Spinner, Pickart, bildest dir ein, hierher zu passen, in diese Watte- und Turbinen-Stadt, aber da irrst du dich, denn du sprichst eine andere Sprache, als sie hier gewöhnt sind. Du solltest bald verschwinden. Bevor du gehst, kannst du meinetwegen noch ein paar Knaller hochgehen lassen und dich in die Waden von Mattischek verbeißen. Das kann mir nur recht sein. Nur mit meiner Unterstützung kannst du dabei kaum rechnen. Das mußt du verstehen, Pickart. Ich habe Familie, ein Geschäft, bin ein kleinwüchsiger Flüchtling vom Balkan, also einer, auf den sie ohne Mühe verzichten können. Worauf Joschi aufseufzt und noch kleiner wird. Weißt du – Joschi steht auf, wirft ein paar Münzen auf den Tisch, wie er es aus Ami-Filmen kennt – ich würde an deiner Stelle nicht einen Moment länger warten. Ich würde im Feuer stochern, zu Mattischek gehen und ihn fragen, wem er nach dem Reinfall mit Krämer auf der Spur sei.

Wir spielen Detektive. Nur hat Sam Spade keine Chance aufzutrumpfen.

In meinem Gedächtnis beginnt sich die Zeit zu dehnen. Wie lange habe ich gewartet? Wie lange zögerte Mattischek, Körner festzunehmen? Wie oft habe ich bei der Polizei angerufen, ohne daß sich der Kommissar sprechen ließ.

Joschi, der Troll aus der Batschka, der seine Volkstumskämpfe längst überwunden und satt hat, weiß eine Erklärung: Wenn zwei Dreck am Stecken haben, muß der Stecken zum Geländer werden. Das ist doch klar, Pickart. Schreib, was du weißt, nicht ein Wort mehr.

Die Zuspitzung des Falles ließ nun auch Rembergs journalistisches Gewissen schlagen. Auf ein Detail wirst du trotzdem verzichten müssen, Pickart. Es geht keinen was an, ob Mattischek und Körner befreundet waren, sind – oder nicht.

Wann immer es um ungeschützte Vergangenheiten ging, um üble Unterstellungen, wie er meinte, blieb Remberg rigoros.

So verriet Pickart nichts von der Verbindung zwischen dem Kommissar und dem Verdächtigen, verlor kein Wort über den, der sich inzwischen zum Geist der Erzählung entwickelt hatte, der alles offenbaren und alles vertuschen konnte, der wußte und vergaß, mit den Personen vertraut war, sie sich vielleicht ausgedacht hatte, um ein Gleichnis zu versuchen – auch den Burgstettener Pfarrer verschwieg er, wobei er bei jedem Wort seines Berichts nicht nur an ihn dachte, sondern sich von ihm aufgerufen fühlte, als wäre er, wie die andern, sein Geschöpf, wie die vier, die sich gegenseitig fesselten und zugleich strangulierten, Sylvio und Maria, Körner und Mattischek.

Ein wenig pathetisch schloß er seinen Artikel: »Es gibt nach den Auskünften der Arbeitskollegen keinen Zweifel, daß Körner sein Alibi gefälscht und das Werk für längere Zeit verlassen hat, ohne die Karte zu stechen.«

Remberg befand, daß er endlich einmal seinen Rat beherzigt habe. Nun ruf den Mattischek an und sag ihm, du würdest dich morgen im Blatt mit Körners Alibi beschäftigen. Was er tat, nur um Remberg zufrieden zu stellen. Mattischek ließ sich sprechen, ging aber auf nichts ein, wies ihn lässig zurecht: Hören Sie, mein Freund, was soll das, Sie erzählen mir nichts Neues. Und legte auf.

Der Artikel erregte Aufsehen. Redaktionen überregionaler Zeitungen meldeten sich, wollten Bescheid wissen. Im Lauf des Tages wurde er zweimal fürs Radio interviewt. Uli staunte. Remberg machte sich auf seine Weise lustig: Nun wirst du berühmt, Pickart, bloß unter der falschen Kappe. Als Reporter, nicht als Dichter. Mir wäre Kisch sowieso lieber als Rilke.

Körner wurde festgenommen und gestand. Er habe Maria umgebracht, aus Eifersucht, habe sie durch eine schriftliche Einladung so täuschen können, daß sie annahm, Sylvio und nicht er erwarte sie in dem Steinbruch.

Das alles teilte Mattischek auf einer Pressekonferenz mit.

Auf die Frage, weshalb er die Verhaftung derart hinausgezögert habe, reagierte er unwirsch: Es sei seine Sache. Der mutmaßliche Täter befinde sich ja nun in Haft. Über Körners Leben, seine Vergangenheit informiere eine schriftliche Mitteilung, die gleich verteilt werde. In der stand jedoch nur, daß Körner von 1939 bis 1945 als Soldat gedient habe.

Ein Jahr darauf fand in Aalen der Prozeß statt. Da war ich schon fort, las nicht einmal mehr die Berichte, erfuhr nur zufällig, Körner sei zu zwölf Jahren Haft verurteilt worden. Mattischek habe man versetzt und befördert. Ehe ich Heidenheim verließ, war es Remberg gelungen, mich zum Verschworenen zu machen.

Wofür, hatte Remberg damals gefragt, wofür, glaubst du Ritter der Gerechtigkeit, haben wir alle unsere Kräfte aufgeboten, um den Karren aus dem Dreck zu ziehen?

Damals fragte ich ihn nicht, welchen Dreck er denn meine?

Wenn ich es jetzt unternehme, damit der Fall für mich ein Ende findet, zu spät und mit einer verjährten Wut, bin ich mir der Schäbigkeit meines Nachtrags bewußt.

Körner und Mattischek hatten sich 1942 bei einer SS-Einheit kennengelernt, die Ortschaften, zuerst bei Lodz, danach in der Ukraine, »von Juden säuberte«, Kinder, Frauen und Männer zusammentrieb und vor Gruben, die sie vorher auszuheben hatten, erschossen.

Noch vor Kriegsende war es Mattischek gelungen, sich »abzusetzen«. Nach einer leichten Verwundung und einem kurzen Aufenthalt im Lazarett übernahm er einen kleinen Polizeiposten in der Nähe von Tetschen. Im März 1945 flüchtete er mit seiner Familie vor den Russen und Tschechen nach Württemberg. Körner hatte er aus den Augen verloren. Auch der war die Uniform ohne große Schwierigkeiten losgeworden, hatte sich zuerst in der französischen Zone, in Rastatt, bei der Bahn als Schlosser Arbeit besorgt, kurz erwogen, seinen Namen zu wechseln, es doch gelassen, und als er das ungute Gefühl hatte, die Vergangenheit drohe ihn einzuholen, durch die Vermittlung eines Arbeitskollegen den Sprung zu den Amerikanern nach Württemberg gewagt. Irgendwann tauchte er in Burgstetten auf, arbeitete in Giengen, unauffällig, von seinen Kollegen respektiert. Von Mattischeks Aufstieg in der Landespolizei, und daß der inzwischen in der Nähe Dienst tat, ahnte Körner nichts.

Erst als er Maria begegnete, sich widerwillig, doch um so heftiger in sie verliebte, vergaß er den, der er gewesen war, und träumte nur noch selten von Massakern.

Eine Weile war auch Maria ihm verfallen. Sie hoffte, mit ihrer Liebe ihm die Schatten von der Seele zu nehmen, die ihr unheimlich waren und über die sie nie sprachen. Sie heirateten, begleitet von den freundlichen Wünschen weniger.

Bei dem Priester suchte sie Rat. Die Gespräche mit ihm halfen ihr gegen das feindselige Dorf. Daß sie keine Kinder bekamen, legten sogar Marias Eltern als Fluch und Strafe aus.

Sie ging zur Arbeit wie er. Die Abende verbrachten sie meistens wortlos. In manchen Nächten verbissen sie sich wütend ineinander, bescheinigten sich mit ihren suchenden, kämpfenden Leibern Liebe.

Mit der Zeit verloren sich ihre Gefühle zueinander im Schweigen.

Ab und zu packte ihn die Angst, Maria könne sich mit einem andern einlassen. Er redete sich diese Angst wieder aus. Maria würde diese Eifersucht fürchten, und ihr Glaube verbat ihr ohnedies jede Liebschaft.

Maria wurde ihm gegenüber immer gleichgültiger; sie schliefen kaum mehr miteinander. Ihm war es eher angenehm, denn die Schichtarbeit vor allem nachts nahm ihn mehr mit, als er sich eingestand.

Vielleicht hat sie sich schon heimlich mit Sylvio getroffen, als sie Körner zum erstenmal nach seiner Vergangenheit fragte: Was hast du im Krieg gemacht?

Er erschrak bis ins Innerste, versuchte sich mit einer kargen und ungenauen Antwort ihrer Neugier zu entziehen. Ich bin, das weißt du doch, fünf Jahre Soldat gewesen. Genauso wie viele andere.

Sie saßen beim Mittagessen, an einem Sonntag.

Neben ihrem Teller lag, was ihn irritierte, ein Stopfei, auf dem zwei Nadeln steckten. Indem sie, was er gesagt hatte, wiederholte, gab sie zu erkennen, daß sie mehr wußte: Genauso wie die andern?

Ja. Er schloß die Hände um den Teller, zog ihn bis an den Tischrand.

Nein. Das ist nicht wahr.

Was meinst du?

Ich habe dein Soldbuch gefunden. Und auch das Heftchen, das du wie ein Tagebuch angefangen hast.

Er springt nicht auf. Er zieht sich zusammen, spürt seine Müdigkeit. Er gibt auf. Er hatte ja tatsächlich vergessen – oder beinahe.

Was interessiert dich das? Nach einer Pause, in der er hörbar Luft einzieht, setzt er wie ein Fragezeichen ihren Namen nach: Maria?

Sie räumt den Tisch ab, achtet darauf, ihm nicht zu nah zu kommen, sagt schließlich – leise, immer wieder stockend – gegen die Wand überm Küchenherd: Du bist bei der SS gewesen, Hauptsturmführer. Das steht in deinem Soldbuch. Als letzte Beförderung. Es steht da. In deinem Tagebuch schreibst du, ihr seid in einem

Judeneinsatz gewesen. Danach hast du nur noch ein paar Adressen eingetragen. Hast du Juden umgebracht?

Nein, erwidert er. Es hat keinen Sinn, davon zu reden. Glaub es mir, Maria.

Was sie glaubt oder nicht glaubt, läßt sie ihn nicht mehr wissen. Sie unterhalten sich nur noch über alltägliche Dinge, das »Nötigste«, wie Körner es im Verhör ausdrücken wird. Unter dem Nötigsten versteht sie nicht, daß sie ihn zu sich läßt. Sie verweigert sich. Sie könne nicht mit jemandem schlafen, der Menschen umgebracht habe. Sie habe nicht ihn, sie habe einen andern geheiratet. Er habe sie getäuscht.

Er schlägt sie. Im Dorf wird über sie beide geredet.

Sie muß ihm versprechen, den Mund zu halten. Sie tut es, nicht um seinetwillen.

Dem Priester vertraut sie sich an. Auch er bittet sie, was sie betrübt und worüber sie in Gebeten hadert, zu schweigen. Sie habe es in der Hand, den Menschen, an den sie ein Sakrament binde, zu zerstören.

Sie hält sich an ihr Versprechen, selbst dann noch, als sie sich mit Sylvio einläßt.

Daß ihr Körner auf die Schliche kommt, wünscht sie womöglich.

Er ist vorzeitig aus dem Betrieb heimgekommen, er hat sich an der Hand verletzt. Zu Hause trifft er sie nicht an. Die Schwiegereltern haben keine Ahnung, wohin sie gegangen ist.

Er fragt im Dorf nach ihr. Niemand gibt ihm Bescheid. Er spürt die Verlegenheit der Leute wie Nesseln auf seiner Haut.

Im Haus erwartet er sie. Sie kommt außer Atem und kleinlaut. Unterwegs hat sie bereits erfahren, daß er vorzeitig von der Arbeit zurück sei.

Er riecht den andern, sie dünstet ihn aus. Er schlägt

sie zusammen, prügelt, was sie für sich behalten wollte als neue Wirklichkeit, aus ihr heraus.

Mit Sylvio jedoch legt er sich nicht an. Er stellt ihn nicht einmal, sondern bittet den Pfarrer, den nun auch er ins Vertrauen zieht, Sylvio aufzufordern, Maria in Frieden zu lassen.

Sie aber besteht darauf, nur mit Sylvio Frieden finden zu können, wenn überhaupt, denn allmählich wächst die Angst in ihr, daß sie an dieser Liebe, der ersten, in der sie sich spürt, ersticken werde. Darum nimmt sie keine Rücksicht mehr auf sich und Körner.

Sylvio zieht sich zurück. Sie möchte sich mit ihm verabreden, geht sogar so weit, ihn im Betrieb anzurufen. Er läßt sich verleugnen. Nur hält er das nicht lange aus.

Als das Sommerlicht dünner wurde, trafen sie sich wieder im Steinbruch, während Körner arbeitete. Sie nahmen sich keine Zeit mehr, rissen sich auf, und sie sah, wenn sie die Augen schloß, Flammen hinter den Lidern. Das war, wußte sie, das Höllenfeuer, das der Pfarrer angekündigt hatte, für den Fall, sie werde von diesem ehebrecherischen Verhältnis nicht lassen.

Immer warf sie, oben am Rand des steinernen Abbruchs angelangt, das Rad hin, rannte den Pfad hinunter und in Sylvios Arme hinein.

Ehe sie auseinanderliefen, flehte sie ihn an: Komm, mir bringet ons om, sterbet mitenander, des wär schö und d' Leut hättet ebbes zom Schwätze.

Körner hatte sie beobachtet, kannte den Ort, an dem sie sich trafen. Er stellte sie, schlug sie. Das muß der Augenblick gewesen sein, an dem sie, ihm drohend, ihr eigenes Urteil sprach. Ich sag dem Sylvio alles. Daß du bei der SS gewesen bist, und kein Einfacher, sondern einer von den Mördern. Das sag ich ihm.

Sie nahm seine plötzliche Ruhe, den Frost nicht wahr oder nicht ernst. So konnte er sie täuschen.

Obwohl Sylvio ihr nie eine Zeile geschrieben hatte, sie seine Schrift nicht kannte, schöpfte sie keinen Verdacht, als eines der Kinder eine Einladung für den Festabend des Liederkranzes brachte und sie in dem gefalteten Blatt einen Zettel fand: »Komm morgen, so wie immer. Ich muß Dich unbedingt sehen. S.«

Sie wirft das Rad hin, rennt den Schlängelpfad hinunter, droht zu stürzen, aber sie ist sicher, daß er sie auffängt, und als das geschieht, ist es für sie schon zu spät.

Die Eifersucht habe ihn blindwütig werden lassen, wird Körner im Prozeß erklären. Nur die Eifersucht. Nicht die Angst, die er nun mit dem teilte, der ihm nachstellte, mit Mattischek. Diese Angst behielten beide für sich und damit einen Teil der Wahrheit. Sie beide hatten ihre Geschichte verloren, und die andere, die sie nach 1945 angefangen hatten, war unversehens erneut zur Last geworden.

Körner hatte sich schnell gefaßt, als Mattischek unerwartet auftauchte. Anfänglich hoffte er, der Kumpan ließe ihn frei, könnte ihm helfen, die Blutspur zu verwischen. Ich schweige, du auch. So verblüffte es ihn, als Sylvio anstatt seiner festgenommen wurde. Das hatte er nicht gewollt. Er hatte keine falsche Fährte gelegt. Wenn ihn Mattischek auf diese Weise schonen wollte, war es nicht in seinem Sinn. Sie trafen sich. Sie redeten von den Jahren nach dem Krieg. Genaugenommen stotterten sie, stolperten mit halben Sätzen von einem Jahr zum andern und blickten nie zurück. Nun bin ich der Chef der Kriminalabteilung, stellte Mattischek eher für sich fest, in einem Ton von Ungläubigkeit.

Ich könnte, wenn du mich verhaftest, auf deine Vergangenheit zu sprechen kommen. Körner drohte nur halbherzig.

Mattischek war darauf gefaßt. Und wenn deine be-

kannt wird, könnte es sein, Körner, daß nicht nur wegen eines Mordes gegen dich verhandelt wird.

Darum behielten sie für sich, was sie ohnedies aus
ihrem Gedächtnis verbannen wollten.

Und die Presse, fragte Körner, dieser Junge, den sie
Pickart nennen?

Seine Chefs werden ihn davor bewahren, sich die
Finger zu verbrennen.

Mattischek hat recht behalten. Ich weiß nicht, ob er
noch lebt und was aus Körner wurde.

Die ganze Zeit gab ich vor, von ihnen zu berichten,
und erzählte nur von mir, meinem Schweigen.

Der siebte Tag

So gut wie nie versäume ich den Kaffee am Nachmittag auf der Terrasse. Ab drei ist für zwei Stunden die Theke in der Cafeteria besetzt. Es gibt Tee, Kaffee, wunderbar duftende, mir verbotene Obstkuchen. Bin ich früh genug, bekomme ich einen Platz am Terrassenrand, eine Art Hochsitz mit Blick hinunter auf die Gänsewiesen und den See.

Heute. Ich schreibe heute und mische die Tage wie die Karten in einem Spiel. Ich könnte ein Datum über das Kapitel setzen, und es träfe zu: 9. Juli 1988. Ebenso aber stimmte der 30. August 1989, an dem ich in Gedanken wiederhole, was ich im Juli vergangenen Jahres auf der Kaffeeterrasse empfand, Tage zusammenfassend, eine Art angesengtes Glück oder eine mit Genuß ertragene Haltlosigkeit.

Die Stimmen rundum verweben sich zu einer Art von Kokon, in dessen Innerem ich zusammenschnurre, beinahe körperlos anwesend. Es ist wieder sehr warm. Ein frischer Ostwind lindert die Hitze.

Allmählich gerate ich in den Zustand, den mir nur diese Terrasse erlaubt: eine erhabene Gleichgültigkeit. Die Rückkehr daraus, das weiß ich inzwischen aus mehrfacher Übung, wird mich in eine ärgerliche Unrast stürzen, der ich vielleicht für eine Weile entgehen kann, indem ich mich weiter konzentriere, an andere denke und Briefe schreibe. Natürlich mache ich mir was vor. Natürlich ist diese Wirklichkeit ein lächerlicher Wahn.

Frau Doktor B. ist aufgestanden, sieht zu mir herüber, lächelt, macht zwei Schritte auf mich zu, will ein Gespräch beginnen, geht aber doch vorbei, die Steintreppe hinunter zum Klinikbau.

Warum sollte sie nicht die Adressatin meines Briefes sein?

Ich könnte mich, während ich mich an sie wende, umerzählen, denn ich befinde mich, wie gesagt, in diesem besonderen Terrassenzustand, der dazu verführt, Wahrheiten in ihrer Wörtlichkeit so wenig ernst zu nehmen, daß ihnen wieder zu trauen ist.

Liebe Frau Doktor B.,
da haben Sie mich ganz schön sitzen lassen. Ich wollte Sie bitten, mir Gesellschaft zu leisten, und wußte bereits, worüber wir uns hätten unterhalten können. Es wäre die Fortsetzung eines Mittagsgespräches gewesen, das wir, da unsere Tischälteste schon durch wenige Andeutungen aufgebracht schien, nur eingeschüchtert führten. Sie hatten mich (ich erinnere mich noch wörtlich) nach meinem »Einsatz damals an der Startbahn-West« gefragt, und ob ich mich als älterer Mensch da nicht recht deplaziert gefühlt hätte.

Nun kann ich meine Auskunft nachholen. Die Republik, mit der ich aufgewachsen war, mißfiel mir zwar in manchem, im großen und ganzen kam ich jedoch mit ihr aus, und meine ohnedies seltenen, dann allerdings entschiedenen schriftlichen Einsprüche zum Beispiel in Sachen Atombewaffnung, Ostverträge und Berufsverbote hielt ich für eine selbstverständliche politische Übung.

So, wie ich Sie in den letzten Tagen kennenlernte, würden Sie mir derartige Aufmüpfigkeiten wohl zugestehen. Keinesfalls aber die Gemeinschaft mit Chaoten, tatsächlichen Widerstand gegen den Staat und Zusammenstöße mit Polizisten.

Das kam so. Ich fange kindlich an, weil ich aus der Rolle zugleich in eine Rolle fiel. Dafür sorgte aufgeregt und unnachsichtig eine Nachbarin, die mit anderen in Walldorf die Verhandlungen und Vorbereitungen für den Bau einer neuen Startbahn am Frankfurter Flughafen verfolgte. Würden die Pläne verwirklicht werden, dann verschwände der Flörsheimer Wald. Anstatt seiner gäbe es eine gewaltige, betonierte Schneise. Die ist inzwischen da. Oft sitze ich in einem Flugzeug, das von dieser Rollbahn abhebt, und fürchte, einer der Passagiere, der von mir weiß, könnte mir meine Verlogenheit vorwerfen. Es geschähe mir recht.

Ja?

Ja. Ja. Ja. Brechts Graugänse stürzen sich mit diesem dreifachen Schrei hinter den Horizont. Es ist ein Ja, das lauthals verneint.

Damals, im Herbst 1979, redete mir unsere Nachbarin ein, es genüge nicht, eine Deklaration gegen den Bau der Startbahn zu unterschreiben, ich müßte den Bürgern vorführen, daß Intellektuelle auch zu handeln imstande seien.

Bürger hätten im Wald inzwischen eine Hütte gebaut, einen Rundling, dessen Dach schwierig zu konstruieren gewesen sei. Allmählich entstehe um dieses Zentrum ein Dorf. Vor allem Jüngere hätten die Absicht, draußen zu wohnen. Für den Wald, gegen die Planierung. Meine Nachbarin dachte sich eine Rolle für mich aus, die ich, von meinen Kindern ebenfalls gedrängt, annahm: Ein Schauspieler, der genau wußte, fehlbesetzt zu sein, doch von der Wichtigkeit des Stücks durchdrungen war.

Das Dorf wuchs. Die Kinder schwänzten die Schule. Kamen sie für eine Verschnaufpause heim, um die Kleider zu wechseln, zu duschen, dann erzählten sie mit tränengasroten Augen, als hätten sie eine Schlacht hinter sich. Das Schlimmste komme erst noch. Ich sträubte mich gegen solche Feststellungen, wies sie zurecht, bekam nichts als traurigen Hohn zur Antwort.

Ich bin danach viele Male im Wald gewesen, habe diskutiert, bin nachtblind in Gräben gestürzt, habe, griffen die Polizisten an, gerüstet wie mittelalterliche Ritter, schützend die Arme über den Kopf gehalten, habe Blutenden geholfen, habe mit Polizeioffizieren (vergeblich) verhandelt um ein Quantum Einsicht oder Verständnis für uns, habe, mit alten Frauen, einen Fliegenpilzfresser umklammert, der drauf und dran war, mit der Axt dem nächsten Polizisten das Haupt zu spalten, habe meine Tränen an der Backe einer Unbekannten abgewischt – das ist vorbei und vorüber, liebe Frau Doktor. Im Augenblick floriert die Republik. Die Sensibleren denken darüber nach, was nach Wackersdorf kommt. Das haben wir ja bereinigt, ist uns bereinigt worden von einem weitblickenden Ökonomen, und auch die anderen Schmutzflecke werden noch von unserer Karte verschwinden. Wir sind über den Weltuntergang hinaus und denken nun, überwältigt von der ersten erfolgreichen Revolution in der Geschichte der Deutschen, über die Wiedervereinigung der beiden deutschen Nachkriegsstaaten nach, was zu vergleichen natürlich unerlaubt ist – hier unterbreche ich meinen Brief an Sie mit einem andern und bitte Sie um Entschuldigung –

Sehr geehrter Herr Polizeipräsident,
sind Sie noch im Amt? Seit längerem habe ich nichts von Ihnen gehört. Das liegt an mir, nicht an Ihnen. Ich habe des öfteren an Sie gedacht. Manchmal träumte ich von Ihnen. Meistens treffen wir uns im Gemenge. Bürger und Polizisten sind aneinandergeraten, mich würgt die Angst, doch ich harre aus, weil ich der Überzeugung bin, daß ein junger Polizist niemals einem Grauhaarigen auf den Kopf schlägt. Da erscheinen Sie, durchaus freundlich, und reißen einen meiner jungen Begleiter von mir fort. Es könnte einer

meiner Söhne sein. Sie verschwinden mit ihm. Ich rufe, wühle mich durch die Menge. Bevor ich aufwache, sehe ich Sie, erhöht auf einem Wachtturm stehen und den Kopf schütteln. Die Aufregung weckt mich.

Was haben wir uns angetan, Herr Präsident?

Welche Aggressionen, welche Sprachlosigkeiten?

Zugegeben, Sie handelten im Auftrag. Die Ausfälle jedoch, die Gewalt, die strategischen Tücken gegen ältere Frauen und Jugendliche, ihre leichten Turnschuhtruppen, die den Fliehenden nachsetzten und zuschlugen – hatte das mit Recht zu tun? Ebensowenig wie der Kapuzenhaß, schließlich die Schüsse auf Polizisten. Zwei Tote.

Nein, Herr Polizeipräsident, hören Sie mir für ein paar Sätze zu. Wessen Opfer sind die beiden Polizisten? Woher der Haß? Welche Stimmung, welches Klima machte er sich zunutze? Was dachten Sie, als die längst paramilitärisch gewordenen Einsätze in Wackersdorf sich als Vorstöße ins Leere erwiesen?

Was nun, Herr Präsident? Müßten wir uns nicht beide besinnen auf die Quellen unseres Zorns? Stehen wir uns nicht hilflos gegenüber?

Ich übertreibe, um mich verständlich zu machen. Können Sie sich nicht vorstellen, daß vielleicht schon zu Beginn des kommenden Jahrhunderts Menschen, die unter Krupp und an Krebs leiden, deren Kinder verkrüppelt zur Welt kommen, sich zusammenrotten, auf die Straßen legen, um den Verkehr zu stoppen? Ich –

ich ziehe es vor, den Brief an Sie, liebe Frau Doktor B., fortzusetzen und wechsle, wenn schon nicht das Thema, so doch die Tonlage.

Ich möchte Ihnen erzählen, wie mich der Besuch meines Ältesten und seiner Freundin gestern und heute nacht vergnügte und strapazierte.

Ich erwartete die Kinder hier auf der Terrasse, zuvor hatte ich einem Vortrag von Doktor K. zugehört.

Die beiden Ankömmlinge lärmten erfreut, als hätten sie einen Verschollenen entdeckt. Wir umarmten uns, redeten durcheinander, ich hörte ihnen nicht zu, wurde erst wieder aufmerksam, als sie, auf einmal leise und nach Worten suchend, Ort, See und Berge rühmten.

Hier treibst du dich herum, gehst spazieren, faulenzt, schwimmst. Du bist zu beneiden.

Ich lud sie zum Abendessen ein. Nur wüßte ich in den Ortschaften rundum nicht Bescheid.

Du, können wir nicht hier eine Kleinigkeit bekommen? Darauf war ich nicht gefaßt.

Hier gibt es keine Scheibe Brot, erklärte ich kleinlaut. Die Küche hat geschlossen, der Speisesaal ist zu. In der Bar könnt ihr Bier, Wein, Wasser holen. Außerdem, dränge ich, solltet ihr euch in dem Gasthof, wo ich für euch ein Zimmer bestellt habe, rechtzeitig sehen lassen.

Ja schon. Er windet sich, seine Freundin lächelt abwesend. Nur ist die Ente absolut im Eimer.

Was heißt das?

Das heißt, ich muß ein paar Stunden schrauben oder das Ding muß abgeschleppt werden.

Ich bin nicht bereit, ohne weiteres alle Hoffnung fahren zu lassen. Könnte sie sich vielleicht nicht doch noch vom Fleck rühren, die Ente?

Nein.

Sie laufen mir voraus zum Parkplatz. Gemeinsam starren wir das Spielmobil zwischen teuren Karossen unglücklich an.

Laß es, beruhigt mich mein Sohn.

Und? frage ich mich, gebe mir einen Stoß: Kommt mal mit rein.

Auf dem Weg zur Weinstube sehe ich, daß der

Empfang noch besetzt ist. Ich frage die ältere Dame, ob noch etwas Eßbares aufzutreiben sei.

Unmöglich.

Ich weiß es ja auch.

Sie holt aus der Schreibtischschublade einen Apfel, ein Stück Kuchen, reicht sie meinen Gästen.

Wenn die beiden jungen Leute mit Schlafsäcken versehen seien, könnten sie im Gymnastikraum übernachten. Auf den Matratzen fürs autogene Training.

Da habe ich mich schon entschlossen, ihnen Couch und Fußboden in meinem Zimmer anzubieten. Wir atmen auf und durch und werden danach ein wenig laut beim Wein. Mein Sohn spottet über den Luxus für Manager nach dem Herzkasper. Nach einer Weile können die aufgeputscht zum zweiten Infarkt durchstarten. Nobel, nobel!

Als ich ihm versichere, wie sehr ich dieses Haus und seine Umgebung genieße, meint er, daß ich doch einen Spießer in mir versteckt hielte, der sich durch die glänzende Umgebung gehätschelt fühle.

Hernach im Zimmer – wir waren vorher noch über die vom Tag warme Wiese hinunter zum See spaziert – gestanden beide zwar, ziemlich müde zu sein, nur hätten sie keine Lust, sofort zu schlafen. Sie wollten noch schwatzen.

Ich habe Ihnen erzählt, liebe Frau B., daß mein Ältester Medizin studiert, was er nach dem Abitur überhaupt nicht vorhatte. Er absolvierte als Pfleger in der Psychiatrie eine dreijährige Lehre und überraschte seine Eltern erst danach mit der Einsicht, daß er, seine Erfahrungen nützend, Medizin studieren wolle.

Meine beiden Gäste gerieten in Bewegung, okkupierten mein Zimmer, breiteten ihre Schlafsäcke aus, huschten hin und her. Ich trat auf die Terrasse und mir kamen die Tränen, als die beiden sich geräuschlos neben mich stellten, mich in ihre Mitte nahmen.

Wir löschten das Licht, schlüpften ins Bett, in die Schlafsäcke, raschelten, um das Zimmer mit uns zu füllen wie ein Futteral, und mein Sohn rief: Weißt du, solche Typen wie den Ernst Zimmer, den Tischler, der mit seiner Familie Hölderlin versorgte, sind viel zu selten. Ich glaube, sogar noch seltener geworden. Die ersetzen lässig jede Psychiatrie.

Lässig? fragte ich ins Dunkel.

Er lachte.

Buchstabengenau und allbarmherzig ist die Zeit, sagte ich, und zog die Decke bis zum Kinn. Das hat Hölderlin aus dem Tübinger Turm an seine Mutter geschrieben.

Übrigens fanden die beiden am andern Morgen für ihre mehr als lahme Ente Hilfe. Einer unserer Pfleger schleppte sie mit seinem Wagen in die nächste Werkstatt. Von dort verabschiedeten sie sich telefonisch.

Ein letztes Mal springe ich aus diesem Brief in einen andern und wende mich an den, der mich, seit ich ihn vor zwanzig Jahren lesend und schreibend entdeckte, als guter Geist begleitet.

An Ernst Zimmer in Tübingen:
Hochgeehrter Herr Zimmer,
schreibe ich im Tonfall seiner Epoche. Doch ich möchte nicht mit verstellter Stimme sprechen, darum setze ich von neuem an:

Lieber Ernst Zimmer,
ich erlaube mir einfach, Sie derart ungewohnt anzureden, weil ich Sie verehre, liebe, Sie mir zu meinem älteren Bruder wünschte oder zu meinem Pfleger. Das sag ich nicht aus Übermut, sondern aus erfahrener Furcht. Darüber später mehr.

Ich halte mich regelmäßig zu Besuchen in Ihrem Haus am Neckar auf, setze mich manchmal in Hölderlins Turmstube im ersten Stock, schaue durch die Fenster auf den Neckar. Vor einiger Zeit las ich dort aus Ihren Briefen vor. Viele junge Leute waren darunter. Auch Ihre Lotte hätte dabei sein können. Im Mai 1807 nahmen Sie Hölderlin zu sich. Fast vierzig Jahre lebte er im Turm. Ich frage Sie nicht, ob und wie krank er gewesen ist. Sie haben in einem Ihrer Briefe den ganzen Schrecken seines Daseins geschildert. Er ging sich verloren. Was weiß ich, wann ich mich verliere, mich teile, wann ich auseinanderspringe. Manchmal in Momenten übergroßer Erregung oder Anstrengung fürchte ich, mein Stoffwechsel könnte so weit durcheinandergeraten, daß ich die Orientierung verliere und mich in Obhut begeben muß. In die Psychiatrie. Das wäre nur eine Äußerlichkeit, eine durch Ungeschick verursachte, zeitweilige Erschütterung meines Lebens.

Eine intellektuelle Bedrohung kommt hinzu, die nicht mehr ausgehaltene Spannung zwischen erzählendem und erzähltem Ich. Mein Wunsch, den andern zu erzählen, genauer noch: in die andere Person einzusickern, sie einzunehmen, schließlich alles von ihr zu besitzen und zu wissen, nimmt gelegentlich überhand.

Ich taste mich durch Spielarten und Denkvarianten. Die Energie, das Unbegreifliche im Nächsten zu begreifen, hinterläßt mehr und mehr Spuren. Die Entstellungen nehmen zu. Die Ängste werden zu ausdauernden Wirbeln in meinen Phantasien und Träumen.

Es kann sein, liebster Ernst Zimmer, daß ich irgendwann einen Hüter benötige. In meinem Kopf werden die Stimmen heftiger, schriller. Ihr Widerspruch preßt meinen Geschichten oft den Rest von Zuversicht aus.

Wie haben Sie Ihren Kranken ertragen, die ganze lange Zeit? Wie konnten Sie ihn schützen vor sich selber? Und wie Sie sich selber vor ihm, vor seiner kahlen, auskühlenden Verzweiflung? Wahrscheinlich blieben Sie einfach bei sich und dachten nicht über das hinaus, was Sie für wirklich und nötig hielten. Das erlaubte Ihnen jene Freundlichkeit, auf die ich zuhaste, weil ich von ihr Rettung erhoffe. Die kleinen Wörter, die nicht mehr aufgeschrieben werden müssen. Die Späne, der Staub. Ich bitte Sie von Herzen, Sie und Ihre Lotte, mich nicht zurückzuweisen.

Grüß Gott, Herr Zimmer, kennet Se mi?

Noi.

Doch, Sie müßten, ich hab mich vorausgesagt.

Kommet Se rei.

Ich trete ein, folge ihm durch den Flur. Während ich dankbar auf seinen schmalen, bolzengeraden Rücken schaue, schäme ich mich meiner Gedanken: auch er ist vor mir nicht sicher.

Das geht Ihnen zu weit, liebe Tischnachbarin, mir ebenso. Ich habe Grund, meinen Terrassenbrief zurückzuhalten. Wer weiß, wann er Sie erreicht, womöglich erst durch das Buch, das mir vorschwebt, für das ich Notizen sammle.

Die Landschaft flackert. Der See gerinnt zu einer bleiernen Platte, in der die Gänse stecken bleiben. Ich spüre beim Gang um den See jeden Schritt. Für einen Augenblick halte ich an, presse die Hand gegen die Brust. In winzigen Wellen branden lauter sinnlose Sätze gegen mein Bewußtsein. Ich fasse mich, indem ich langsam weitergehe, angestrengt auf den Weg achte.

Mir fällt ein alter Mann ein, der vielleicht jünger gewesen war, als ich es jetzt bin. Er lief Ende 1944 auf einem Bahnhof irgendwo in Nordmähren von einem Transportzug weg. Zusammen mit anderen Kindern beobachtete ich ihn. Wir waren auf der Flucht vor der Front. Wovor floh er? Er bewegte sich wie ein verletzter Vogel, schlug mit den Flügeln. Zwei Feldgendarmen konnten ihn mühelos einfangen und in ihre Mitte nehmen. Wir Kinder folgten der Szene ohne größere Erregung. Längst hatten wir uns an die ständig vorhandene Gewalt gewöhnt. Wir befanden uns, meinten wir, auf seiten derer, die mit Recht für Ordnung sorgten. Der Mann verschwand in einem der Waggons, verschwand aus meinem Gedächtnis. Er wurde einfach über dessen Rand hinausgeschleppt und kehrt jetzt unerwartet, ungerufen zurück.

Vor ein paar Tagen schrieb mir eine Studentin aus China. Sie schloß den Brief mit der Wendung »Ihr ungesehenes Kind« und vertraute sich mir an, wie niedergeschlagen sie sei und vor allem ihren Wunsch, unsichtbar zu sein für alle Mächtigen.

Wo hielt es sich auf, mein ungesehenes Kind? Auf jenem weiten Platz, der dem Frieden gewidmet sein sollte, rollten, als ich den Brief las, Panzer über schlafende Studenten hinweg, trieben Soldaten junge Leute vor sich her, schossen und prügelten. Habe ich sie womöglich unter den Flüchtenden gesehen?

Ich schrieb ihr.

Sie habe sich retten können, läßt sie mich wissen. Was sie auf dem Platz vorgehabt hätten, sei wohl falsch gewesen. Die Geschichte kenne keine Eile. Das habe sie lernen müssen. Im übrigen habe sie sich nie sonderlich für Politik interessiert. Sie wolle leben.

Wir ungesehenen Kinder alle. Nun schauen wir auf uns zurück und machen uns Vorwürfe.

Mit einundzwanzig Jahren glaubte ich mich den Älteren, die, kaum war der Krieg zu Ende, wieder in ihr altes Leben zurückgefallen waren, weit voraus. Ich zog eine schützende Grenze zwischen ihnen und mir.

Das ist noch Jamin, nicht Pickart.

Mit Ferencz, dem älteren Redakteur, kommt der Junge nicht zurecht. Er geht ihm aus dem Weg, fürchtet seine Arroganz.

Ich könnte Ihr Vater sein. Mit dieser Floskel setzt er sich aus jeder Diskussion ab. Die Erinnerung an individuelle Vergangenheiten hält er für unnötig; darum gilt ihm die Entnazifizierung auch als ein ungerechter Zirkus. Nicht einmal der Zipfel von Wahrheit oder von Schuld werde in solchen Verhandlungen erwischt. Haben die andern, die Amis, die Russen und Engländer keine Kriegsverbrechen begangen? Nie stellte er diese Fragen erregt, laut, eher belustigt über die Dreistigkeit der Sieger.

Selbst Franz hatte die endlosen Debatten über Schuld und Sühne satt. Laß ihn, Jamin. Er soll über seine Musiker schreiben. Davon versteht er etwas.

Manchmal brachte er seine Geige in die Redaktion und spielte; nie länger als fünf Minuten.

Alle Geiger, die je in Nürtingen auftraten, maß er an seinem Idol Váša Příhoda. Wenn er von einem

Geiger behauptete, er komme dessen Kunst nahe, hatte er eine glänzende Note vergeben.

Wo er vor 1945 als Journalist gearbeitet hatte, ließ er offen, wie er auch sonst lässig Spuren verwischte. Seine Aussprache wies ihn als Ungarn-Deutschen aus. Seine Manieren ebenso. Mit Hingebung – jedoch nicht unterschiedslos – küßte er Damenhände.

Lenaus ›Drei Zigeuner‹ hörte der Junge zum erstenmal von ihm, leise gesprochen, mit der nötigen Verachtung gegen die Spießer, die Seßhaften.

Seine Schwäche für Uniformen, schneidiges Auftreten konnte Ferencz nicht unterdrücken. Als eine Gruppe französischer Offiziere das Rathaus besuchte, schrieb er über ihr Auftreten, als sei das Spiel von Kammervirtuosen zu beurteilen: Wie elegant, weltoffen, wie geschmeidig.

Plötzlich höre ich seine Stimme wieder, ihr arrogantes Näseln, skandiert von rollenden Batschka-Rs. Wir haben uns einen angesoffen. In meiner Erinnerung befinden wir uns in Gesellschaft, Männer sitzen um uns herum, wahrscheinlich so alt wie Ferencz, angefüllt mit ähnlichen Erfahrungen, die keine Sprache mehr haben dürfen.

Er springt auf, schaut über den Tisch hinweg wie über ein Plateau, eine dreckige, von Regenlachen übersäte Ebene, schaut hinüber zum Rand einer Grube, an der sich Personen bewegen, ein lebender Zaun. Für die Zuhörenden bleibt es ungewiß, ob sie angekleidet sind oder nackt. Sie frösteln, seufzen, knirschen mit den Zähnen. Es kann sein, daß sie flehen, schreien. Das aber will der Mann, der in den Tunnel seiner Erinnerung gestürzt ist, nicht hören. Er hebt den linken Arm an, stützt mit der rechten Hand den Ellenbogen, der Arm verwandelt sich in eine Maschinenpistole, die er nun, ratternde Geräusche ausstoßend, hin und her bewegt und sieht, wie sie zusammensinken, vor ihm verschwinden – erlöst sinkt er nach einer Weile auf den Stuhl, legt die Hände auf den Tisch, die Finger gespreizt, ruht aus und ich höre ihn sagen: So ist es gewesen; Partisanen; sie hätten uns umgebracht. Ja, sagte er, und noch einmal: Ja! Und dabei nickte er seiner aufsässig gewordenen Erinnerung zustimmend zu.

Was willst du, Jamin, meint Franz am andern Tag, du wirst ihn nicht ändern. Vergiß es, vergiß es.

Wann immer ich fort will aus der Stadt, renne ich in sie hinein, verkralle mich. Es ist meine Stadt, wie es keine andere je sein kann. Ich hebe sie aus den Angeln und baue sie in Gedanken neu. Durchsetze sie mit Elementen aus anderen Städten, in denen ich wohnte, Olmütz, Brünn, Dresden, Zwettl. Es sind nicht Häuser, Plätze, Brücken, die ich hinzufüge, es sind Gefühle, die mich überkommen, wenn ich an eine bestimmte Gasse denke. Es ist, zum Beispiel, das wildernde Glück, das den Dreizehnjährigen mitnimmt, wenn er allein die im Sonnenstaub sich auflösende Hauptstraße von Zwettl hinunterrennt zum Brunnen, zur Pestsäule, die es auch in Olmütz gibt. Vielleicht kann er sie vertauschen und hier in Nürtingen zwischen Stadtkirche und Lateinschule ins Pflaster pflanzen, egal ob die aus Olmütz oder Zwettl.

Dennoch treibt die Stadt ihn aus und er sie sich. Sie will ihn nicht haben, er sie ebensowenig.

Bis heute nehme ich den Blick auf die Häuserfront mit, die über den Neckar hochsteigt. Ohne diese Ansicht komme ich nicht aus. Bis auf den Tag steckt der Junge in mir, dem immer wieder erklärt wurde, daß er nichts tauge, daß er kuschen und sich fügen solle. Hier hat er die ersten Verse geschrieben, sich als Trümmerclown seiner Liebsten empfohlen, hier hat er unter Anleitung von Fritz Ruoff sehen gelernt, hier, wo das vom Krieg ausgekotzte Kind noch einmal zu spielen anfing, vergebens, und wo es, um nicht zynisch zu verbiestern, in die Metapher Yamin schlüpfte, hier, wo einem Geiger die Maschinenpistole aus dem Arm wuchs, mit der er in einem nachträglichen Schwenk die Schatten aus seinen Alpträumen niedermähte. Es ist meine Stadt.

Heute habe ich den Kaffee auf der Terrasse versäumt. Der ganze Tag ist ein wenig aus den Fugen. In drei Tagen werde ich nach München gebracht, in die Klinik. Ich merke, wie ich mich verspanne. Mit der Post kamen die Korrekturfahnen meines neuen Buchs. Prüfend, wiederholt stockend, beginne ich zu lesen und stoße auf den Jungen, der kurz nach dem Krieg zum erstenmal in Nürtingen die ›Winterreise‹ gesungen hörte.

Mir fällt ein, daß meine Klassenkameraden mich Pit riefen. Also gab es noch einen vor Jamin und Pickart: Den Schüler.

Ich könnte ihn wie die beiden andern von mir wegrücken, ihn aus der Distanz anreden, die mir die Jahre ohne mein Zutun verschafft haben. Aus der Geschichte des Schülers jedoch, die ich nicht verwunden habe, will ich mich nicht hinausstehlen.

Ich habe P. von Anfang an nicht gemocht. Da er jedoch mit unserer Klasse nichts zu tun hatte, beschäftigte ich mich nicht weiter mit ihm. Ich hatte das Gefühl, daß er mir ohne Grund nachstellte.

Er war nicht groß, unauffällig gewachsen, bewegte sich so, daß niemand auf ihn aufmerksam wurde. Sein Kopf fesselte auf den ersten Blick. Ein Krötenschädel von magischer Häßlichkeit. Er hätte mit dem breiten, schmallippigen Mund, der Plastilinnase, den wie Schilde unter die Augen geschobenen Backenknochen ein Bruder Peter Lorres sein können, allerdings mit einem unsichtbaren, dennoch faßbaren Manko. Im Gegensatz zu allen Rollen, die Lorre spielte, gestand sich P. seine Ängste, seine Schwächen nicht ein. Er war platt und direkt, auf eine unberechenbare Weise aggressiv.

Wenn es einen gab, auf den die Bezeichnung »Vertriebener« zutraf, dann ihn. Er fühlte sich von einem schmutzigen Schicksal aus dem Reich Hitlers vertrieben, einem Vaterland, dessen Werte er uns Schülern beleidigt nahezubringen versuchte. Es kann sein, daß es im Lehrerzimmer Diskussionen über ihn gab. Er stammte aus Sachsen, was nicht zu überhören war. Seine Frau, hieß es, sei schwer krank, und er pflege sie voller Aufopferung, wie er überhaupt in seiner Familie wie umgewandelt sei, freundlich, voller Witz und Empfindlichkeit.

P. vertrug keine andere Meinung. Die Geschichte war gegen ihn verlaufen, hatte ihn verraten, und wen immer er auf der Seite der Verräter vermutete, dem galt seine Wut, sein Haß. Ich gehörte zu ihnen, ohne es zu ahnen. Es genügte, daß ich in einem öffentlichen Vortrag Wolfgang Borchert meine Verehrung, meine Liebe erklärte. Tagelang war ich nach der Ursendung von ›Draußen vor der Tür‹ herumgelaufen, hatte den Neckar zur Elbe ernannt, mich zu Beckmann, und als 1949 das Gesamtwerk erschien, kaufte ich es in Raten bei Margot Hauber in der Neckarsteige.

Viele der rhythmisch trommelnden Prosastücke konnte ich auswendig und trug sie auch gelegentlich vor: »Wir sind die Generation ohne Bindung und Tiefe. Unsere Tiefe ist der Abgrund. Wir sind die Generation ohne Glück, ohne Heimat und ohne Abschied. Unsere Sonne ist schmal, unsere Liebe grausam und unsere Jugend ist ohne Jugend. Und wir sind die Generation ohne Grenze, ohne Hemmung und Behütung– ausgestoßen aus dem Laufgitter des Kindseins in eine Welt, die die uns bereitet, die uns darum verachten.«

Die uns darum verachten. Noch heute, wenn ich die Sätze abschreibe, die inzwischen in ihrer Aufgebrachtheit etwas scheppern, spüre ich die ohnmächtige Wut des Jungen.

Mein Deutschlehrer, Erich Rall, saß mit einigen anderen Lehrern unter meinen Zuhörern. P. nicht. Wie er meine Zuneigung zu Borchert kommentierte, erfuhr ich allerdings bald. Ich sei bis in die Knochen verkommen wie dieser Deserteur, dieser Waschlappen, dessen Theaterstück die Deutschen in ihrem Leid beleidige.

Ich mache mich blind, stelle mich taub, renne durch Wände. Großmutter und die Tanten treiben mich mit ihren Vorwürfen vor sich her. Für M. schreibe ich Gedichte: Vielleicht ein Narr wie ich.

Wenn du es so weiter treibst, Junge, gibt mir mein Vormund zu bedenken, wird sich bald kein Mensch mehr um dich kümmern. Was mich nicht davon abhält, meinen Lehrern endgültig den Rücken zu kehren. Dem Geographen kündige ich meine Teilnahme am Unterricht auf; in Physik ruhe ich mich von den schulischen Anspannungen aus.

Oft flüchte ich mich zu Fritz Ruoff, frage ihn aus über Maler, über sein Leben, setze ihm zu mit meiner Neugier, meine, ihm ebenbürtig zu sein.

Nur mühsam gelingt es mir, dieses Ich im nachhinein mit Emotionen aufzufüllen. Was ich wiederfühle, wiederzufühlen glaube, sind eine flatternde Unsicherheit und ein Zorn auf alle, die gewöhnlich und gemein erscheinen.

Es ist niemand da, dem ich mich an die Brust werfen, bei dem ich mich ausheulen, vor dem ich mich zusammenrollen und krümmen könnte. Es strengt an, sich ständig aufzuspielen, aus den Rollen zu fallen, die bequem wären und auch zugewiesen werden. Benimm dich doch endlich wie ein »normaler Mensch«!

Bin ich bei M. im Hause an der Marktstraße, gebe ich manchmal allen Widerstand auf, füge mich, lasse mich in den lauten, wärmenden Familienstrudel reißen, möchte eins der Kinder sein, das gerufen wird, seinen Platz am Tisch hat, das verschwinden kann hinter diesem selbstverständlichen Schutzwall aus Bürgerlichkeit und Ansehen. Doch genau das fordert mich wieder heraus, und ich fange an, dagegen zu reden, streite mich mit M., mit einem ihrer Brüder, ihrem Vater, weiß, daß ich im Unrecht bin, kann mich aber nur so abstoßen von dem, was ich als ein mögliches Leben in Erinnerung habe.

Ich sammle Erinnerungen, die die Stadt nicht hören will: Von dem Maler, der, als die Täter und Mitläufer triumphierten, die Straße kehren mußte; von dem Kommunisten, der, nachdem er Jahre im Konzentrationslager verbracht hatte, dem Magistrat als Bote diente; von dem Dekan, der gegen Hitler predigte, kurz vor Kriegsende seinen Schwiegersohn, der in der Waffen-SS gewesen war, bei sich versteckte und dafür von der württembergischen Landeskirche strafversetzt wurde; von dem Bildhauer, den die Erinnerungen an seine Zeit im Strafbataillon peinigten, der seinen Zorn ins Holz schnitzte und davon lebte, daß er Grabsteine meißelte.

Sie alle hüten ihre Geschichte vor mir, sind aber gleichzeitig darauf aus, daß ich ihnen zuhöre, ein Zeuge, der vielleicht einmal erzählt, was ihnen die Sprache verschlug, was sie verschwiegen, um wieder zu Hause leben zu können, in der Stadt, in der sie aufwuchsen und deren Bürger sie, als sie ihren Schutz brauchten, verstießen.

Die Prüfung der mittleren Reife bestehe ich nur, weil Erich Rall mir für den Aufsatz eine Eins gibt.

Du mußt, heißt es. Du sollst endlich, heißt es. Wenn du nicht bald, heißt es. Nimm Vernunft an, heißt es.

Nur können sie mir nicht weismachen, daß ihre Vernunft erstrebenswert sei. Mit fremden Zungen rede ich bei endlosen Waldspaziergängen auf M. ein, verstelle mich, bin Villon oder Rilke, der junge Schiller oder Prinz Jussuf. Ich kann alles und fürchte mich vor der Kinderstimme in mir.

P. nimmt mir die Entscheidung ab. Zwar hatte ich mich, vor freundlichen Drohungen und barschen Ratschlägen herstolpernd, für das Abitur aufgerafft, doch insgeheim hoffte ich, daß mir jemand den Boden unter den Füßen wegreißt, Großmutter die Geduld verliert, mich in ein Heim abschiebt, ich im Neckar ersaufe, M.s Eltern mir das Haus verbieten, ich mit einem dieser neuen Nazis wie Schobert oder Steinöl in Streit gerate und erschlagen werde. Oder daß ich Hals über Kopf abhauen muß. Fort.

Ich möchte mit dir leben, beteure ich M.

Beim Stöbern in Margot Haubers Buchbeständen fallen mir Kleists Erzählungen und Anekdoten in die Hände. Ich lese mich fest. Den Anfang der Geschichte vom ›Erdbeben in Chili‹ kann ich nach wiederholtem Lesen auswendig. Es scheint mir, als hätte ich die Geschichte schon einmal gekannt und nur vergessen. »In St. Jago, der Hauptstadt des Königreichs Chili, stand gerade in dem Augenblicke der großen Erderschütterung vom Jahre 1647, bei welcher viele tausend Menschen ihren Untergang fanden, ein junger, auf ein Verbrechen angeklagter Spanier, namens *Jeronimo Rugera,* an einem Pfeiler des Gefängnisses, in welches man ihn eingesperrt hatte, und wollte sich erhenken.«

Die Sätze richten mich auf, erfüllen mich mit einem wunderbaren Stolz. Die aussichtslose, tödliche Liebe, von der Kleist berichtet, beschäftigt mich nur nebenbei. Seine Sprache reißt mich mit.

Ein Jahr vor dem Abitur wurde Erich Rall krank und den Schülern mitgeteilt, daß die Klasse von einem andern Lehrer übernommen werde. Um wen es ging, erfuhren wir erst, als er auftrat.

Es war P.

Kurz nach der mittleren Reife hatte er mich auf dem Gang vor dem Rektorat gestellt, sich über mein miserables Prüfungsergebnis ausgelassen und dann unmißverständlich gedroht: Wenn ich dich mal zu fassen kriege, ist es aus mit dem Einser in Deutsch. Da fällst du durch.

Nun stand er vor der Klasse.

Auf dieses Kapitel war ich nicht vorbereitet.

Wir stehen auf, um ihn zu begrüßen. Wir setzen uns. Er geht zwischen den Bänken auf und ab, federt vor Lust und Erwartung. Ab und zu verzieht sich sein breiter Mund zu einem Grinsen. Er spart mich aus, sieht an mir vorbei, erklärt, womit er sich beschäftigen wolle, mit Schiller und Carossa, darauf sollten sich die Herrschaften einstellen, vielleicht schon mal ihre Nasen in ›Kabale und Liebe‹ und den ›Arzt Gion‹ stecken.

Er gibt mir noch kein Stichwort, kündigt es aber an, mit einem vehementen Exkurs über die Literatur von heute. Er verdammt das unmoralische, schweinische Geschreibsel, das keine Kraft, keine Geschichte kennt, unser Deutschtum verleugnet und besudelt. Mit jedem Begriff kommt er mir einen Schritt näher. Er schafft es, daß er ohne Übergang, ohne Vorwarnung, beinahe ohne Vorsatz sich mir zuwenden kann:

Alle diese Überlegungen geben mir die Gelegenheit, Ihre Fähigkeiten in Deutsch zu überprüfen, mein Bester. Was sich auf sächsisch merkwürdig moderat anhört.

Ich warte.

Sie werden wohl im nächsten Zeugnis mit einer Fünf rechnen müssen. Dann fragt es sich, ob das fürs Abitur genügt.

Soll ich ihn verwirren und widersinnig Kleist rezitieren?

Gegen meinen Willen richte ich mich langsam in der Bank auf, höre mich fragen: Meinen Sie das ernst?

Er kehrt mir den Rücken, geht zum Pult. Ich könnte ihm nachsetzen, ihn zurechtweisen, mit Kleist sprechen: »Es zeigte sich aber gar bald, daß Herrn Friedrichs Wunden, so lebensgefährliche und zarte Teile sie auch berührten, durch eine besondere Fügung des Himmels nicht tödlich waren ...«

Weiter darf er nicht kommen. Länger darf ich nicht warten. Meine Frage hält ihn tatsächlich auf.

Es hat also keinen Zweck für mich. Ich soll von der Schule runter – das meinen Sie doch?

Ich bin mir nicht sicher, ob ich P.s Antwort wünschte, auf die Entscheidung wartete, die er mir abnahm.

Den Rat, den er mir gab, als ich den Klassenraum verließ, habe ich ihm nicht vergessen:

Sie sollten sich, ehe Sie endgültig verschwinden, noch von den anderen Lehrern verabschieden.

Das tat ich. Ich klopfte an die Türen der Klassenräume, störte den Unterricht, erklärte allen, von Mal zu Mal auftrumpfender, daß ich, einer Aufforderung von Herrn P. folgend, die Schule für immer verlasse.

Ich nahm Erschrecken ebenso zur Kenntnis wie verwunderte Gleichgültigkeit.

Dann stürzte ich über den Schulhof, wußte nicht, wohin; lief über den Galgenberg, zum Winkel von Hardt, auf Umwegen zurück, zum Neckar, entschloß mich, zu Ruoff zu gehen, mich ihm anzuvertrauen. Doch er zeigt ebensowenig Verständnis wie am Abend die Großmutter, die in Tränen ausbricht, in immer wütenderen Sätzen versichert, daß mir nicht zu helfen sei, daß sie auch nicht daran denke, mir zu helfen, niemand, kein Mensch auf dieser Welt werde das tun, niemand.

Bei der Korkfabrik Greiner verdinge ich mich als

Bürohilfe. Abends lese ich M. meine Gedichte vor. Ich zahle es ihnen heim, allen, Vers für Vers.

Ich öffne die Balkontür zur Wiese, beobachte, wie die Gänse auffliegend die Wasserhaut kerben, die sich rasch wieder glättet.

Das Herz schlägt gegen den Rhythmus. Es ist dieser eine, dieser letzte, alle Bilder ins Gedächtnis drükkende Schlag.

Der zehnte Tag

Ich stehe früher als üblich auf, taumle im Zimmer umher und entdecke erst nach einer Weile, daß draußen über der Gänsewiese und dem See der Tag längst aufgebrochen ist und sich das Morgenlicht überschwenglich über eine Landschaft ergießt, die noch nicht ganz fest scheint nach der nächtlichen Konturlosigkeit. Für einen Augenblick verliere ich den Halt und habe das Gefühl, durch diese leuchtende Ansicht zurückzustürzen in die Nacht.

Beim Frühstück erzählt Frau Doktor B., die erfahren hat, daß ich in Sachsen geboren sei, wie sehr sie noch immer an dem zerstörten Dresden hänge. Ihr Vater, ein Pfarrer, habe die Stadt erst nach der Pensionierung verlassen und in den Westen gehen können. Ich habe viel vergessen, sagt sie mit ihrer rauhen Mädchenstimme. Ich habe mich hier in Bayern zwar eingelebt, trotzdem bin ich ein Flüchtling geblieben. Und Sie? fragt sie.

Ich frühstücke rasch, erkläre, zum Arzt zu müssen, gehe auf mein Zimmer und versuche in ein paar Notizen mir jenen Mann herzurufen, für den meine Tischnachbarin das Stichwort gab: Flüchtling.

Vielleicht hätte ich ihr antworten sollen. Aber was hätte sie mit dem Hinweis auf eine Person beginnen können, die jetzt mit Vehemenz darauf besteht, in meinem Roman keineswegs bloß beiläufig aufzutreten. Die Geschichte dieses Mannes ist verschlungen. Ich weiß nicht, ob es mir gelingen wird, sie halbwegs übersichtlich und verständlich zu erzählen. Er wird noch in meinem Gedächtnis vorlaut genug sein und das, was ich erinnere, ganz für sich beanspruchen.

Ich rufe ihn so, wie ihn alle riefen: Kurrie. Mein Kollege, der Anzeigenwerber. Der Flüchtling. Der Trübauer. Der letzte bekennende Nazi und der erste Fürsprech der freien Marktwirtschaft. Der hartnäckige Junggeselle und der liebevolle Vater einer unsichtbar bleibenden Tochter. Der Bewunderer Konrad Adenauers und der Verfechter einer konstanten Anarchie.

Für Jahrzehnte hatte er sich aus meinem Gedächtnis entfernt und wohl nicht mehr damit gerechnet, angesprochen zu werden. Aber schon mit Lisa hatte er sich zurückgemeldet.

Er wird sich selber erzählen. Ich muß ihm nur seinen angestammten Spielraum schaffen. Den Rest besorgt er. Ich werde ihm als Protokollant lauschen.

Sobald er, seine Runde durch die Nürtinger Geschäfte hinter sich, genügend Kaufleuten eine Anzeige abgeschwatzt hat, begibt er sich ins Café Zimmermann und hält sich dort, Tische und Gesprächspartner wechselnd, bis in den Abend hinein auf. Dabei springt er nach undurchschaubaren Regeln aus einer Rolle in die andere.

Wer das Café betritt, muß sich entscheiden: Zur Linken warten Aussichtsplätze. Durch hohe Fenster blicken die Gäste auf den Schillerplatz und werden von den Passanten gesehen. Zur Rechten hingegen befindet sich das kleine Reservat der Introvertierten, jener, die Wert darauf legen, ungestört Zeitung zu lesen oder vertrauliche Gespräche zu führen. Nur wenige beachten diese Grenze nicht.

Kurrie wechselt. Er braucht beide Sphären für seine endlosen Selbstgespräche. Viele Stammgäste kennen seine Geschichte und sind erpicht auf Varianten, Abweichungen, die Kurrie mit großer erzählerischer Sorgfalt vorbereitet und ausspielt.

Ich werde mich bemühen, die Erzählung ein wenig

zu ordnen. Kurrie kannte keine Chronologie, er litt unter der Gleichzeitigkeit, in die er erinnernd geriet.

Die Vergnügungen und die Leiden seiner Kindheit in Trübau, dieser, wie er fand, seelenlosen und bildhübschen Stadt, erfuhr ich kurz vor meinem Abschied aus Nürtingen. Da kannte ich ihn seit zwei Jahren.

Schon redend, sich selber vorausschickend und begrüßend, betritt er das Café. Mit einem Schwung, der nur noch von Frau Bednarek, der Kellnerin, wahrgenommen wird. Da sie aus der Nähe von Trübau stammt, sich als seine Landsmännin ausgewiesen hat, fühlt sie sich verpflichtet, ohne Widerspruch mitzuspielen.

Servus, habe die Ehre, gschamster Diener – einen Schwarzen bitte, eine Butterbrezel, wie immer, Frau Bednarek.

Er legt auf Würde Wert. Ich habe ihn nie anders als in einem dunklen, ausgebeulten Anzug gesehen. Auch den grauen, weichkrempigen Hut und den am Kragen speckigen Wettermantel hat er während unserer gemeinsamen Zeit nicht gewechselt.

Sein Körper ist in ständiger Bewegung. Er zuckt, hampelt, hüpft. Wenn er sitzt, wippt er auf dem Stuhl, beugt sich nach vorn, wischt Staub von Tisch und Stuhllehne und über sein Gesicht huschen Falten werfende Wellen: Es ist ein Bubenkopf, der in einer zu weiten, knitternden Greisenhaut steckt. Dazu paßt alles wie zur Maske eines Harlekins – die zu kleine knollige Nase, das jegliche Energie übertreibende Kinn, der schmallippige, in den Winkeln ausfransende Mund. Nur die Augen nicht. Sie fallen aus der Maske, Teddyaugen, dunkel, glasig, aufgerissen wie unter einem nicht enden wollenden Schock.

Servus. Habe die Ehre.

Er küßt Lisa die Hand, legt den Hut auf einen leer gebliebenen Stuhl, es ist der gleiche Hut, wie ihn mein

Vater trug, nur mit dem Unterschied, daß dieser hier, da er ständig zum Gruß gelüpft wird, in den Kniffen dünn geworden ist.

Servus. Habe die Ehre.

Bevor er Platz nimmt, dreht und wendet er sich noch einmal, mustert die übrigen Gäste.

Er hat Lisa seine Kindheit erzählt, ausdrücklich ihr. Ich saß dabei. Vielleicht hat er auch mich hin und wieder angesprochen. Er hatte eine Schwäche für mich. Ein Sprk bist du, befand er, ein gischpliges Waisenbuberl. Womit er beim Thema war. Bei sich, bei der Welt, mit der er sich aus unerfindlichen Gründen mehr als andere herumschlagen mußte. Aber Gründe, sagte er zu Lisa, Gründe gibt es für jedes und nichts, Gründe kann ich dir aufzählen für alles, was die Welt vergiftet oder verschönt. Denk ich an meinen seligen Vater, fallen mir Myriaden ein, wenn du weißt, was das bedeutet. Schon daß er nicht aus Trübau stammte, wie meine Mama, bedeutete für ihn ein Manko. Er hatte sich einzuleben. Was ist das für ein gräßliches Wort: einleben. Ihm fehlte die Geduld, die Einfühlung, überhaupt alles, was mich wieder auf die Gründe bringt: sicher auch die Liebe.

Kurrie beherrscht seine Bühne. Selbst wenn er den ein Leben lang geprobten und erprobten Text für einen kurzen Dialog mit Frau Bednarek unterbricht, ändert er den Tonfall genausowenig wie Gestik und Mimik. Sagen Sie, teure Frau Bednarek, halten Sie es für möglich, daß diese Brezel von, sagen wir gütig, von vorgestern ist? Sie geht nämlich tückisch auf meine Backenzähne. Aber! Er hält inne und holt seufzend Luft: Aber so wie ich Ihren Dienstherrn, den Konditormeister Zimmermann, einschätze, wird er mir nie und nimmer einen Schadenersatz zahlen, nicht einmal in Gestalt eines zähneschonenden Paares Würstl, sondern ich muß ihn, damit er mir seine samstägliche

Annonce nicht entzieht, mit meiner Beschwerde verschonen und alles auf Sie, geschätzte Landsmännin, abladen.

Worauf sich Frau Bednarek zurückziehen darf und Kurrie, einem Dirigenten gleich, mit den abgebrochenen Brezelärmchen die Luft schlägt. Also, wo bin ich stehengeblieben? Dabei, daß mein Vater kein Trübauer gewesen ist. Was ein Grund für seine besondere Erziehung war. Er hat mich erzogen nach seinem schrecklichen Bilde. Aus einer Güte, die ich kaum beschreiben kann. Hören Sie, Lisa! Solche Aufforderungen unterstrich er mit einem Mienenspiel, das das Kommende im voraus zusammenfaßte. Heftige Leiden wühlten in seinem Gesicht, es schwoll an, schrumpfte gleich wieder, die Augen begannen zu funkeln. Hören Sie! Immerhin war es ihm, dem glücklosen Handlungsgehilfen und armen Buchhalter aus dem schlesischen Bielitz gelungen, in eine Trübauer Fabrikantenfamilie einzuheiraten. In eine Familie, die nicht nur aus mindestens zwei oder drei Häuptern und aus beinahe ungezählt vielen Köpfen bestand, sondern vor allem aus Mäulern. Womit ich eine Trübauer Hydra beschreibe, wenn Sie sich vorstellen können, was ich meine. Da ist er gefangen, mein Papa. Er wird eingesetzt. Als Buchhalter. Ersatzweise als Haupt, was er oder was die Familie jedoch nur für eine kurze Frist aushalten, also wird er wieder heruntergestuft zum Kopf oder zum Bauch oder zum Schwanz. Verübeln Sie mir bitte diese Ausdrucksweise nicht, Lisa. Schon wieder habe ich meinen Grund. Hatte er seinen Grund. Was bleibt einem nicht anerkannten, eingeheirateten Hilfsbuchhalter anderes übrig, als verzweifelt zu zeugen, ein Kind nach dem andern? Ich kann nicht das erste gewesen sein. Zuviel geht mir schon ab. Ich war das achte. Der dritte Sohn. Uns folgten, neben Fehlgeburten, noch vier weitere, die eigentlich den Namen meines Vaters hätten tragen müssen, wie auch ich, aber wir wurden alle beim Namen der mütterlichen Familie gerufen, die Roßmannskinder. So verlor selbst mein Vater mehr und mehr seine Herkunft, ging auf in das, wogegen er sich sträubte, was ihn kleinkriegte, was er haßte und verdammte. Was blieb ihm übrig, als sich eine oder einen aus der Kinderschar herauszufischen und zu erziehen. Mich traf es. Natürlich. Ich mußte ihm passen. Ich war der Anfälligste, Kleinste und voraussichtlich würde mich auch die Pubertät nicht aus den Fugen treiben. Ich rührte etwas in ihm, meinem Vater. Was, habe ich nie herausfinden können. Als Erzieher sprach er wenig. Interessiert Sie überhaupt, was ich daherrede, Lisa?

Stets, wenn Erinnerungen ihn heimsuchten, zog er sich mit seinen Zuhörern in die introvertierte Sphäre des Cafés zurück.

Über seine Anfänge jedoch berichtete er an dem runden Tisch unmittelbar neben dem Fenster. Mir kam es so vor, als wolle er der ganzen Stadt mitteilen, wie sein Vater, der das Pech hatte, kein Trübauer zu sein, dafür sorgte, daß er, Kurrie, verrutschtes Ebenbild seines Vaters, das Pech hatte, nirgendwo hinzugehören, von väterlicher Hand zum Flüchtling geformt wurde. Flüchtling, ein Wort, das er mit der Zunge streichelte, gegen den Gaumen quetschte, das er mit einem strahlenden Vokal beschenkte: Flichtling, und im allgemeinen im Plural gebrauchte: Genaugenommen sind wir alle Flichtlinge! Er, mein Vater, ist ein Flüchtling gewesen, hätte sich jedoch nie zu einem geeignet. So wie ich. So wie Jamin. Ganz überraschend bezog er mich in seine bodenlose Existenz ein.

Hören Sie, Fräulein Lisa! Ein paar Beispiele für die erzieherischen Gaben meines Vaters muß ich Ihnen schon geben. Sie haben, wenn ich mich nicht täusche, noch nicht zu Mittag gegessen. Darf ich Sie einladen? Es wäre mir ein Vergnügen.

Ehe er ausholt, dafür sorgt, daß sich der winterliche Nachmittag im Café Zimmermann tatsächlich verfinstert, setzt er noch einmal die geschätzte Frau Bednarek in Bewegung: Aber, ich bitte Sie, sagen Sie der Küche, daß auch ordinäre Würstl mit Fingerspitzengefühl gegart werden können. Ziehen möchten sie sie lassen, nicht kochen! Ohne Punkt und Komma fährt er fort: Er hat mich nicht gleich entdeckt. Die ersten Jahre bin ich vermutlich zu unscheinbar gewesen. Möglicherweise hat mich meine Mama vor seinem Zugriff geschützt. Ich bekam sie früh genug zu spüren, seine hilfreiche, strenge Hand. Das erste Mal verprügelte er mich, als ich ein Haselnußzweigchen in den riesenhaften Waschzuber geworfen hatte, in die kochende Weißwäsch, die sich dadurch in ein natürliches Karamel verfärbte, was ich für ein Wunder hielt, meine Mutter hingegen für eine Untat, worauf mein Vater endlich ein Auge auf mich warf, er mich in sein Büro nahm, dort über den Fußschemel von Großpapa legte, mir nicht nur mit dem Ochsenziemer einige Streiche überzog, sondern mich mit seinen derben Schuhen so lange trat, bis ich das Bewußtsein verlor. Drei Tage lang schaute die Familie besorgt nach mir, auch der Vater, wozu er natürlich Gründe hatte. Erstens eine gewisse Reue, zweitens das plötzlich erwachte pädagogische Interesse. Von da an habe ich ihn begleiten müssen, wenn ich nicht die Schule besuchte. Die Hausaufgaben habe ich bei ihm im Büro erledigt. Er achtete darauf, daß nichts und niemand mich ablenkte. Können Sie sich ausmalen, Fräulein Lisa, was ich für ein Hascherl gewesen bin? So dünn, sag ich Ihnen.

Kurrie zeigt sich als Kind, malt sich in die Luft,

führt seine Hände so nah zusammen, daß gerade ein dünnes Brett zwischen sie paßte.

Ich glich einem gebogenen Nagel. Aber eben einem Nagel aus Stahl, sag ich Ihnen, ungelogen! Und mein ungeliebter Vater, der Fremdling in Trübau, der mich gegen die Trübauer dressieren wollte, bekam das zu spüren. Er meinte, ich gehorche ihm.

Kurrie reckt sich, prostet Lisa und uns anderen am Tisch zu, ein frivoler Triumphator.

Er erlaubte mir nicht, mit meinen Schulkameraden und den Kindern aus der Nachbarschaft zu spielen. Sogar ins Caféhaus mußte ich ihn begleiten, was meine Mama erzürnte. Bis zum Abendessen, bis halb acht, befand ich mich in seinem Besitz. Dann durfte ich schlafen gehen. Ich fing an, mich zu bewegen wie er. Wie er mich zu räuspern. Ich spuckte wie er in den Rinnstein und rieb mir, wenn ich nachdachte, wie er die Hände. Ich befeuchtete wie er meinen rechten Daumen, wenn ich die Seiten in einem Buch umblätterte. Das kann ich bis heute nicht lassen. An jedem Montagmorgen vor dem Schulgang rief er mich zu sich, und es gab die vorsorgliche Tracht Prügel. Je mehr ich mich ihm anverwandelte, um so furchtbarer wuchs mein Haß auf ihn. Er merkte nicht, wie ich mich zu seiner Karikatur verkrümmte. Es kann im Frühjahr 1922 gewesen sein, möglicherweise ein Jahr später, als sich, was weiß ich warum, die Lage unserer Weberei rapide verschlechterte. Der Krieg war zu Ende. Die tschechische Republik unter Masaryk stand an ihrem Anfang und hatte, wie wir wissen, nicht viel Zeit. Die Familien-Hydra, die krank gewordene, hungerte nach einem Schuldigen, einem Opfer. Wer konnte es anders sein als mein Vater. Ich war elf. Meine Karriere als Schüler sah düster aus, obwohl die Lehrer mir auf elterliches Befragen Intelligenz bestätigten, die ich allerdings schlummern ließ. Sie müssen mir alles, was ich Ihnen nun erzähle, glauben, Fräulein Lisa, ich bitte Sie. Sie und meine lieben Freunde hier sind die ersten nach so vielen Jahren, denen ich dies anvertraue. Es geht nämlich, müssen Sie wissen, um eine Fälschung, einen Betrug mit tödlichen Folgen.

Er senkt die Stimme, flüstert. Sein Publikum hat Mühe, ihm zu folgen. Frau Bednarek ist schamlos genug, die Hand hinters Ohr zu legen, um Kurrie besser verstehen zu können.

Die Angelegenheit ist verjährt. Kein Mensch wird mir etwas anhaben können. Außerdem bin ich elf Jahre alt gewesen, ein kindlicher Täter. Das mit Gründen. Was wollte ich Böses? Meinem Herrn Vater habe ich aus dem Schlamassel helfen wollen. Vielleicht hat mir insgeheim die Rachsucht beigestanden. Es kann sein. Dank Papas Anleitung, der mich zu seinem Kombattanten ernannt hatte, wußte ich halbwegs Bescheid in der Buchhaltung. Mit der Redisfeder, die sich mir in der Schule sträubte, ging ich im Büro virtuos um. Sie hätten mich sehen sollen, Fräulein Lisa! Fünf Folianten auf dem Stuhl und unter meinem Hintern, saß ich neben Vater und durfte nach seiner Vorschrift Eintragungen in die Bücher vornehmen. Und nun gefährdete die miserable Geschäftslage unsere Gemeinsamkeit. Ich mußte Vater retten, mich dazu. Hatte ich nicht gelernt, wie er zu sein? Als er für einen Tag mit Mama verreiste, soviel ich mich erinnere nach Reichenbach, griff ich dem Rad des Schicksals in die brüchigen Speichen.

Er macht eine kleine Pause, kneift die Augen zusammen.

Ich übertreibe. Ich gebe es zu. Aber ein wenig Metaphorik kann nichts schaden. Aus den Minussen mußten Plusse werden. Aus dem Soll ein Haben. Zahlen mußten aus der einen Spalte in die andere hüpfen. Lauter Helfer, lauter Retter! Säuberlich trennte ich alle Seiten, auf denen die Minusse wucherten, aus dem schwarzen Buch. Dann begann ich Zahlen aus dem Folianten von 1915 zu übertragen. Papa hatte dieses Jahr immer wieder das große Jahr genannt. Ich schuftete, manchmal verrutschte mir die Schrift. Im ganzen jedoch gelang mir die Täuschung. Vaters Rechenwesen hatte sich zu unser aller Vorteil gewandelt. Können Sie sich ausmalen, wie ich auf die Entdeckung, auf die Erlösung wartete? Auf bessere Zeiten für die Hydra? Nichts passierte. Falls mich meine Erinnerung nicht trügt, mußte ich ein paar Wochen lang ausharren und vergaß die Angelegenheit beinahe. Die Familie hatte Vater inzwischen aus dem Büro verbannt. Nachmittags beschäftigte er sich im Caféhaus mit Billard. Wozu ich ihn begleiten mußte. Von meinen Geschwistern hatte ich so gut wie nichts. Und meine Mama hatte mich anscheinend aufgegeben. Die Hausaufgaben erledigte ich nun nicht mehr am Kanzlistenpult, sondern an einem wackligen Marmortisch. Es war gehupft wie gesprungen. Das Billard langweilte mich mehr als die Büroarbeit. Wochen verstrichen also. Plötzlich detonierte die Familie. Es ereignete sich kurz nach dem gemeinsamen Mittagessen. Ich hielt mich noch im Bubenzimmer auf, dem Zimmer, das ich mit meinen Brüdern teilte, saß auf dem Bettrand, wartete, von Vater gerufen zu werden. Ohne jede Vorankündigung explodierte das Haus. Frauen heulten, keiften, schrien, Männer brüllten, klagten, drohten. Großvater übertönte sie alle mit sirenenartigen Tönen. Unser Zimmer füllte sich wie durch Zauber mit allen Geschwistern. Wir drängten uns aneinander, die älteren und jüngeren. Keiner von uns wagte einen Laut von sich zu geben. Vor lauter Anstrengung begannen einige zu fiepen. Können Sie sich vorstellen, Fräulein Lisa, daß ich nicht eines meiner Geschwister nach fünfundvierzig wiedergesehen habe? Sagen wir besser, habe wiedersehen wollen. Die Mischpoche war mir nie besonders wichtig. Großvater hatte, stellte sich heraus, Vaters Fälschungen entdeckt, welche, wie Sie wissen, die meinigen waren. Vor lauter Aufregung hatte ich das vergessen. Erst recht, als sich aus dem Geschrei übergangslos eine Klage entwickelte. Mein Vater war im Keller entdeckt worden, erhängt, er hatte nicht einmal den Versuch unternommen, sich zu verteidigen. Er wäre auch nicht gehört worden. So hat alles, wie gesagt, seine Gründe. Er wurde trauernd, mit allen Ehren zu Grabe getragen, mein Erzieher. Zu diesem Anlaß kleidete die Familie mich neu ein.

Auf die Jahre, die folgten, will ich mich nicht kaprizieren. Erst nach einer Lehrzeit in einer Weberei in Troppau und später im elterlichen Betrieb kann ich wieder bei mir sein. Wie, das wird Sie überraschen, Fräulein Lisa. Ehe ich aber darauf zu sprechen komme, möchte ich die verehrte Frau Bednarek bitten, mir ein Glaserl mit Gespritztem zu bringen, weißen natürlich.

Auf derartige Szenenwechsel reagiert Frau Bednarek mit dem Überblick eines Requisiteurs. Sie wechselt das Geschirr auf dem Tisch aus, fragt an den anderen Tischen Wünsche ab, ändert die Beleuchtung. Nun, nachdem Kurrie die Geschichte seiner Kindheit nachlässig abgeschlossen hat und mit der seiner reiferen Jugend beginnen will, schaltet sie die Lichter im Fenster und die Lampen auf den Tischen ein. So illuminiert sie das Caféhaus noch mehr als Bühne, wofür sich allerdings auch die Zuhörer zugleich als Akteure zu betrachten haben.

Als Frau Bednarek den Gespritzten serviert und Lisa es aufgegeben hat, gedankenverloren durchs Fenster auf den Platz zu schauen, kann Kurrie seine

Erzählung nicht weiter aufschieben. Das hat er auch nicht vor. Im Grunde brennt er darauf, sich vor unseren Augen wie ein Sofortfoto zu entwickeln.

Sie möchten es nicht glauben, Fräulein Lisa, Sie werden es müssen. Bereits mit fünfzehn hatte ich Neigung zum Anarchisten. Heutzutage in unserer ordentlichen Demokratie wär ich als Damaliger höchst unerwünscht. Vielleicht könnte ich den aufstrebenden Burschen, der ich gewesen bin, auch einen Halbstarken nennen. Auf jeden Fall hielt mich die Familie als Günstling meines verblichenen Vaters auf Distanz. Meine Geschwister kümmerten sich bloß dann um mich, wenn ich ihrer Meinung nach etwas angestellt hatte und sie mich anschwärzen konnten. Meine Mama hatte, falls ich mich nicht täusche, eine Schwäche für mich, die sie sich aber nicht eingestehen konnte, wenn sie ihre Position in der Familie nicht gefährden wollte. Aus Gründen der Familienordnung ließ sie mich zwar nicht fallen, verlor mich aber allmählich aus den Augen. Die Hydra bildete mich zum Vertreter aus. Ich reiste für die Firma nach Mähren und in Teile der Slowakei, die Zips, die Beskiden, bis nach Preßburg. Für einen Achtzehnjährigen bedeutet das, wie soll ich mich ausdrücken, eine Herausforderung für den Charakter. Auf den ersten beiden Reisen begleitete mich noch mein Großvater. Sie sind mir in Erinnerung als eine Mixtur von peinlichen Vorstellungsgesprächen, wortlosen Mahlzeiten in billigen Beisln und abendlichen Watschen in heruntergekommenen Hotelzimmern. Daß ich durchhielt, schreib ich meiner beispielhaften psychischen Kondition zu. Es gelang mir, sämtliche Leiden und Strafen in meiner Phantasie einfach vorauszunehmen. Auf zwei befürchtete Watschen folgte eine reale. Womit die Rechnung zu meinen Gunsten ausfiel.

Kurries Lachen tönt mir noch nach vierzig Jahren

im Ohr. Es klang absolut irr und fremd. Wer ihn zum erstenmal lachen hörte, erschrak. Er stülpte, sich rülpsend, räuspernd, röchelnd, um, schrie wie ein Esel und zugleich wie ein Ganter. Dies in sehr kurzen, anfallartigen Ausbrüchen, zwischen denen er gierig nach Luft schnappte.

Jetzt lacht er.

Lisa wird sich nie daran gewöhnen. Sie senkt den Kopf, zieht die Schultern hoch.

Das war, laßt mich rechnen, 1929. Obwohl Masaryk regierte, verlernte die Familie kollektiv ihr Tschechisch. Sie wendete es höchstens noch fürs Personal an. Ich hingegen lernte es so gut, daß man mich, wenn ich wollte, für einen Tschechen hielt. Oft genug wollte ich. Es kam auf die Mädels an. Und geh einmal in ein Sokol-Lokal, wo sich tschechische Bizepse treffen. Da ist es schon besser, du drückst dich so aus, wie die es wünschen. Bei den Tschechen bin ich anfänglich Sozi gewesen, danach habe ich mich in Brünn einer winzigen, hitzigen Gruppe von Anarchisten angeschlossen. Wir waren alle etwa gleich alt und schwärmten für den italienischen Poeten Silvio Pellico, der in den Kasematten auf dem Spielberg eingekerkert gewesen war. Von den Habsburgern. Seinen Beistand riefen wir an, wenn wir uns prügelten. Im Grund mit der ganzen Welt. Zugegeben, die Arbeit für die Familie litt ein wenig darunter. Das hätte ich noch verschmerzen können. Nur strengte mich mit der Zeit der Kampf an. Gründe für ihn fanden sich immer. Sagen wir, die Blödheit beinahe aller andern, die Unanständigkeit der Welt. Außerdem die Hydra. Ach, liebes Fräulein Lisa, 1933, als im Altreich der Führer die Macht ergriff, auf dem Weg zum größten Feldherrn aller Zeiten, und uns unterdrückte Sudetendeutsche schon bemerkt hatte, 1933 erklärte mich Mama zum Stellvertreter meines älteren Bruders Joseph und wies mir genau das Büro zu, in welchem ich Jahre vorher die väterliche Nachschrift gewagt hatte. Mit einer Gedenkminute für den Papa fing ich meine Arbeit an. Einen Moment fürchtete ich, sein Geist könnte über mich kommen. Schließlich war meine Schuld nie gesühnt worden. Ich denke mir, es wird schon seine Gründe gehabt haben, daß ich ungeschoren davonkam. Ich bin ein ordentlicher Buchhalter geworden, was Sie sicher erstaunt, Fräulein Lisa. Ich habe nicht einmal meine Gewohnheiten ändern müssen. Die Beisln blieben mein Revier. Ich fand Kameraden. Ich fand Mädels, wenn ich sie nötig hatte. Wobei diese Ausschweifungen, wenn sie überhaupt welche gewesen sind, 1934 ihr Ende fanden, weil ich eine jüngere Dame, welche um ein paar Jahre älter war als ich und um einige Ecken verwandt mit der Familie, geschwängert hatte und heiraten mußte. Herta, meine Frau, die Mutter meiner Tochter. Wo bin ich stehengeblieben?

Frau Bednarek versteht die rhetorische Regieanweisung, tauscht die Aschenbecher aus und bringt anstelle des Gespritzten einen Glühwein. Besten Dank, Frau Bednarek.

Er stellt sich hinter seinen Stuhl, schaut auf ihn, schaut auf sich hinunter, nickt in Gedanken versunken, wippt ein paar Mal, als müsse er zu einem Absprung Schwung holen, wirft einen Blick ins Café und auf die übrigen Gäste, setzt sich wieder, nimmt den Faden auf: Wo bin ich stehengeblieben? Bei den Beisln. Oder bei dem allmählichen Klimawechsel in Trübau. Dafür gab es Gründe genug. Vor allem unser Deutschtum. Es ist eine Zeitlang, ohne daß es uns auffiel, verschüttet gewesen. Nun regte es sich. Womit ich mich genau ausdrücke. Es drang einem in die Poren, das Deutschtum, verstopfte sie, erhitzte das Gemüt, verschmutzte die Seele, fraß sich ins Hirn. Bei mir führte dieser Vorgang dazu, daß ich unversehens mein Tschechisch verlernte. Da meine Mama nur noch deutsches Personal einstellte, mußte ich es sowieso nicht mehr anwenden. Wissen Sie, liebes Fräulein Lisa, was mich im nachhinein am tiefsten bekümmert, obwohl ich zugeben muß, daß mich solche Prozesse seitdem immer wieder angegriffen haben – wissen Sie, was? Daß selbst jene Menschen und Ideen, die einen über Jahre beeindruckten, plötzlich dahinschwanden, nichts mehr bedeuteten. Masaryk nicht. Die Anarchisten nicht. Die Sozialdemokraten nicht. Die Tschechen erst recht nicht. Dafür entwickelte ich mich zu dem, der ich überhaupt nicht sein wollte, aus unerfindlichen Gründen sein mußte, zum Deutschen.

Die letzten Sätze spricht er leiser. Wie einen Abgesang. Oder als schäme er sich seiner Wandelbarkeit.

Soll ich mich damit ausreden, daß ich nur einer von vielen gewesen bin? Das ist keine Ausrede, sondern eine Feststellung. Mir ist nicht einmal bestätigt worden, Mitläufer gewesen zu sein. Mich hielt die Spruchkammer für zu unbedeutend. Vielleicht habe ich auch den Fragebogen nicht verstanden, blöd wie ich bin. Was haben wir nicht alles angestellt, wir Herren Mitläufer. Das Reich bis zum Ruin verwaltet. Menschen totgesagt und totgeschlagen. Krieg erklärt und Krieg verloren. Orden bekommen und abgelegt. Ich hör schon auf, Fräulein Lisa. Reumütig kehr ich zurück zu meinem Trübauer Familienleben. Meine Tochter wurde geboren im Sommer vierunddreißig. Ein schwarzschopfiges, bleiches Butzerl, das mir Furcht einflößte. Den Grund für meine Furcht konnte ich nicht ahnen. Eine Zeitlang war ich mehr Deutscher als Vater. Das hat sich gerächt, liebes Fräulein Lisa, bitter gerächt. Mein Kind, dieses winzige Wesen, wollte in der großen Zeit einfach nicht Vernunft annehmen. Es weigerte sich zu sprechen, zu denken. Für alle, die es nicht liebten, blieb es blöd. Aber wäre sie nicht gewesen, meine Gertrud, hätte ich nicht überlebt. Das schwör ich euch. Ich nicht. Ich habe das Zeug zu einem Falotten, zu einem elenden Mitläufer. Bloß hat mir die Gertrud ab und zu das Bein gestellt.

Er nimmt den Hut vom Stuhl, setzt ihn sich auf, lacht, hustet, erhebt sich, erklärt Frau Bednarek, daß er morgen zahlen werde, küßt Lisa die Hand, nickt mir zu: Ihr wißt sowieso schon, wie das mit dem Kind weiterging, mit meiner Gertrud.

Das hatte er Monate zuvor erzählt, an einem glühenden Sommertag, zur Mittagszeit, als sich die Redaktion, Franz und Ferencz, Lisa und ich, im leeren Café trafen, denn alle, die nicht arbeiten mußten, lagen auf den Wiesen am Neckar oder waren nach Neuffen ins Schwimmbad zwischen den Weinbergen gefahren.

Kurrie empfing uns, als sei er der Gastgeber, allerdings ohne die Verpflichtung, unsere Rechnung zu übernehmen. Das Café gehörte ihm. Er tänzelte, dienerte zwischen den Tischen, dirigierte ein unsichtbares Heer von Kellnern, wedelte mit Servietten, fächelte sich und Frau Bednarek, die im offenen Eingang stand und auf unsere Bestellungen wartete, Luft zu, wischte sich mit einem schon stark gebrauchten Taschentuch den Schweiß von der Stirn und schien dennoch die Hitze zu genießen.

Servus. Was hab ich für einen Durst. Kaffeedurst, Sprudeldurst, Durst auf einen Gespritzten, einen eiskalten Riesling – es ist mir völlig gleichgültig, in welchem Zustand mich der Abend sehen wird.

Es fiel ihm so leicht, mit Ferencz zu streiten, einseitig zu streiten, denn er ließ ihn so gut wie nicht zu Wort kommen, weil er unanfechtbar heiter gestimmt war. Ein wunderbarer, geradezu strahlender Fatalismus ging von ihm aus, packte auch uns. Wir lachten, waren gespannt, ahnten, daß er und Ferencz womöglich aneinandergeraten würden.

Es begann auch danach. Ferencz ist, sag ich euch, ein untypischer Volksdeutscher. Eher ein Schammes aus Budapest. Ein begeisterter Nachläufer, mal dem Reichsverweser Horty, mal Bela Kun, mal dem Führer.

Er stimmte sich auf einen Ton ein, der uns in seiner Aufsässigkeit bedrängte.

Laß mich in Frieden, Kurrie, die Hitze strengt mich an, ich habe keine große Lust, mich mit dir über unsere Vergangenheiten zu streiten.

Das kann ich verstehen, mein Lieber. An deiner Stelle ließe ich das auch bleiben. Ich bin ein Nazi gewesen, nachdem ich ein Sozi war, ein Anarchist, wie ich jetzt ein Demokrat bin und Adenauer wähle. Und damit euch Hören und Sehen vergeht, bin ich auch noch ein Geplagter der Trübauer Hydra gewesen, ein Handlungsreisender, Mitglied des Sokol, Helfershelfer Henleins und unseres Kreisleiters, tschechischer Patriot, Vertriebener und Flüchtling, Schwarzhändler, Werbefachmann, Betreiber eines Mannequinstudios und Anzeigenwerber. Ich war es und war es nicht. Schaut mich an! Die Haut könnte ich mir abziehen, es käme nichts zutage als ein Würstl wie ich.

Kurrie ändert die Bühnenordnung aus praktischen Gründen, wie er betont, wegen des Lüftls, wegen des angenehmen Zugs. Sie achten bitte darauf, verehrte Frau Bednarek, daß Fenster und Tür geöffnet bleiben, selbst wenn empfindliche Gäste sich beschweren sollten.

Er redet, redet nicht für Franz, Lisa und mich. Er spricht nur Ferencz an, überfällt ihn mit einer wütenden Suada, prügelt ihn mit dem Geständnis der eigenen Feigheit, Wetterwendischkeit, Verlogenheit. Er schont und schämt sich nicht.

Ich sag dir, Ferencz, es ist mir gleichgültig, welche Uniform du am Ende ausgezogen hast. Daß dir das Wasser bis zum Hals stand, dir der Arsch auf Grundeis ging, möchte ich festgestellt haben, um der billigen Gerechtigkeit willen. Ich, mein Lieber, bedaure heute noch, daß ich zum Beispiel nach dem Umsturz, dem Debakel, die khakifarbenen Breeches nicht tragen konnte, weil sie mich verraten hätten als einen höhergestellten Goldfasan, der ich, bei klarem Licht besehen, gar nicht gewesen bin, eher eine Art beauftragter Hochstapler, was ihr nicht glauben werdet, doch ich hatte dafür meine Gründe, die diesen Schammes aus der Batschka nichts angehen, da er, so wie ich ihn kenne, als ein fescher Offizier – auf die Kragenspiegel hätte ich ihm nicht geschaut – nichts an sich herangelassen hat, keine Sympathie, kein Mitleid. Allein fesch gewesen sind die Herren. Ihr Mut hat aus Selbstüberredung und Selbstüberhebung bestanden, und die Kälte kam wie von selber dazu. Das alles wird mir keiner nachsagen können, das nicht. Sogar die schönen Breeches, diese Reithosen für Reiter ohne Pferd, kaschierten nur meine dünnen Beine. Es ist angenehm, sich etwas vorzumachen, womit das, was man sich vorgemacht hat, in Vergessenheit gerät. Irgendwas, irgendeiner bleibt in dir immer auf der Strecke. Der Bub – auf den werde ich noch zu sprechen kommen. Nicht heute. Ich komme auf Henlein. Er sorgte für meine Verwandlung. Vorher bin ich ein Trübauer gewesen, Sohn eines Nicht-Trübauers, Sproß einer eingesessenen, ehrbaren Sippe. Daß mich die Grenze zu Deutschland, zum Reich seit eh und je plagte, entdeckte ich erst unter der Anleitung von Konrad Henlein. Er förderte meine Entwicklung zu einem Sudetendeutschen, einem Grenzlandwächter. Was undeutsch in mir gewesen war, das Böhmische, was meine Gedanken verschmutzt und beleidigt hatte, filterte er aus mir heraus. Fette, widerwärtige Flocken einer Fehlnatur. Ich möchte nicht übertreiben – nur wer merkt schon ohne Zutun den Moment, in dem sein Germanentum durchbricht. Ich habe es gespürt. Beim Turnen. Er unterbricht sich, sieht jedem am Tisch prüfend in die Augen. Auf diese Pointe wollte er hinaus. Es war schon schwer, ihn sich als Uniformierten vorzustellen, doch Kurrie als Turner überstieg die Kraft unserer Phantasie.

Unsere Fassungslosigkeit entzückte ihn. Und wieder gelang es Ferencz, ihn in Rage zu versetzen: Du auf dem Reck, Kurrie, das allein bedeutete eine Herausforderung an das Ariertum.

Kurrie nahm sich in blanker Wut auseinander, war nahe daran, seine Existenz für null und nichtig zu erklären, sich durch sich selbst zu vertilgen.

Auf der Bühne des Cafés Zimmermann gelang ihm ein wüstes und unvergessenes Kunststück.

Er bat Franz, den Stuhl mit ihm zu wechseln, und saß nun Ferencz unmittelbar gegenüber.

Lassen Sie sich beim Transpirieren nicht stören, verehrte Frau Bednarek, aber falls Sie demnächst in die Küche kommen sollten, bringen Sie mir, bitte schön, einen Mokka. Sobald ich mich alteriere, läßt meine Konzentration nach. Das will ich heute vermeiden, da ich meinem Freund Ferencz, unserem Redaktions-Paganini, noch ein bißchen auf die Nerven gehen möchte mit unserer gemeinsamen Vergangenheit. Wie ich schon öfter konstatiert habe, finden sich Gründe für alles. Auch für das Turnen, das ihr mir nicht zutraut. Erstens ist Henlein, bevor er höher aufstieg, Turnwart beim Deutschen Turnerbund gewesen. Darum liefen wir selbstverständlich, als uns die deutsche Gesinnung ergriff, in die Turnhallen, zu den Bünden. Schließlich war ich Mitglied im Sokol gewesen, bei den Tschechen, doch geturnt habe ich dort, zugegeben, nie. Jetzt mußte ich's, mit dreiundzwanzig, auf der Höhe meiner Körperkräfte. Der zweite Grund ist weniger rühmlich, wahrscheinlich auch nicht deutsch, aber auf alle Fälle menschlich, was dem Ferencz, nehme ich an, nicht passen wird. Die Feigheit. Mut zahlt sich nicht aus. Mut halte ich für eine Eigenschaft der Blöden. So blöd bin ich wieder nicht. Alle deutschen Männer schrieben sich als Turner ein. Wie konnte ich mich ausschließen? Ich, ein Irrläufer. Meine Familie plante nun eine Karriere für mich. Durch nichts überzeugte ich meine Umgebung mehr als mit einem Felgumschwung, einem Überschlag rückwärts oder einem gegrätschten Pferdsprung. No, ich begnügte mich mit Ansätzen. Es reicht, wenn ein Überzeugter überzeugend markiert. Jedenfalls für den Verein. In dem stieg ich auf. Als ordentlicher Buchhalter avancierte ich zum Kassenwart. 1933, als Henlein die Sudetendeutsche Heimatfront gründete, sprang ich ihm bei. 1935 unterstützte ich seine Sudetendeutsche Partei. In Henleins Begleitung reiste ich nach Berlin. Aus einer Entfernung von zwanzig Metern durfte ich den Führer betrachten, eine innere Stärkung, die, gut gerechnet, bis Anfang fünfundvierzig vorhielt. Bei dir wahrscheinlich ein bissel weniger lang, Ferencz. Schlaue Brüder wie du prophezeiten aus dem Fenster weiter den Endsieg, und im Zimmer hinten packten sie die Koffer. Zu meiner Schande muß ich gestehen, beinah zu lang zwischen den Schreiern unterm Fenster gestanden zu haben. Beinah, sag ich dir, Ferencz.

Obwohl Kurrie ihn immer wieder anspricht, läßt Ferencz sich nicht provozieren.

Kurrie springt, während er seine Turnkünste schildert, auf, reckt den Hals, deutet mit den Armen Übungen an, droht von der ganzen Bühne pathetisch Besitz zu ergreifen, ungeachtet einiger Gäste im Café, wird jedoch von Frau Bednarek, die ihren Auftritt für diesen Moment aufgespart hat, mit dem gewünschten Mokka zur Raison gebracht. Er solle sich den Mund nicht verbrennen, warnt sie, worauf er ihre hilfreiche Taktlosigkeit rühmt, ihren siebten Sinn, ihn aus der Fassung zu bringen: Besten Dank, meine Liebe, legt den Finger auf die Lippen, schüttelt den Kopf: Sagen Sie kein Wort mehr. Wo bin ich stehengeblieben? Beim Henlein. Mich traf nichts mehr unerwartet. Als wir durch das Münchener Abkommen zum Reich fielen, noch ehe Beneš aus Prag verjagt wurde, brauchte ich, geschult, nicht geholt zu werden. Ich bin längst da gewesen. Henlein stieg erst zum Gauleiter, ein Jahr später zum Reichsstatthalter für unser Sudetenland auf. Er hat mich, möchte ich behaupten, mitgerissen. Ohne daß mir dabei Hören und Sehen verging. Ich hab schon darauf geachtet, den Kopf nicht zu verlieren. Bald bin ich dem Kreisleiter als Höhergestellter in Wirtschaftsdingen zur Hand gegangen. Plötzlich war mir meine Familie ergeben, und meine Frau ernannte sich zur Gemahlin. Ich hab meine Meriten gehabt, das könnt ihr mir glauben, und andere, will ich hoffen, als seinerzeit unser Kollege Ferencz. Nur in der Repräsentation wurden mir Schwächen nachgesagt. Die hab ich ausgeglichen durch meine Organisationskünste. Noch 1944 hab ich eine Quelle für französischen Cognac, besten Sliwowitz und damastene Bettwäsche gewußt. In unserer Gegend bin ich unschlagbar gewesen. Bis es den Neidern zuviel wurde. Mit einem Mal hielt mich kein Mensch mehr für unabkömmlich, ich wurde zur Wehrmacht überstellt nach Mährisch-Weißkirchen, wo ich wieder auf meinem Gebiet gearbeitet habe als unvorhergesehener, aber erwünschter Zahlmeister. Ich red und red. Und was sag ich euch? Mir läuft das Leben davon, oder ich lauf ihm davon, wenn es mir zuviel wird.

Ich traue mich nicht, ihn nach seiner Tochter zu fragen. Die wenigen Sätze über das Kind liefen in seiner Geschichte nur wie ein schwaches Echo mit. 1944 muß deine Tochter elf oder zwölf Jahre alt gewesen sein, sage ich leise.

Er schaut auf. Er mag es nicht, wenn ihm jemand ins Wort fällt. Irritiert lauscht er meinem Einwurf nach.

Aber wegen Gertrud erzähle ich das doch alles! Und Ferencz erzähle ich es.

Er beugt sich über den Tisch, verzieht das Gesicht zu einer Grimasse, sieht Ferencz an und bleibt doch abwesend.

Was weiß ich, weshalb der mich so aufregt. Es wird schon seine Gründe haben. Sie war zehn. In dem Jahr, vierundvierzig, ist meine Frau gestorben. Ohne jeden Grund. Der Schlag hat sie getroffen. Sie muß dafür disponiert gewesen sein. Bis dahin hat sie sich aufopfernd um das Kind gekümmert. Meine Mutter hat das Hascherl nicht gemocht. Für einen würdigen Germanensproß fehlte ihm halt alles. Die Familie hätte sich nicht gewehrt, wäre Gertrud in einer Anstalt untergebracht worden, dieses Armutschkerl, dieses angefangene, unwerte Leben. Womit ich wieder bei mir wäre und beim Henlein. Ja, ich habe zuviel geturnt, zu häufig den Arm zum deutschen Gruß hochgerissen, meine stets schön gebügelte Uniform zu stark mit Lametta bestückt und mich trotzdem, aus arischer Sicht, nicht männlich genug benommen, mich an ein sprachloses, blödes Geschöpf geklammert.

Die Geschichte strengt ihn an. Er wird, als müsse er mit Kraft über die erinnernden Wörter springen, immer lauter. Die Gäste werden auf ihn aufmerksam. Frau Bednarek, die ihm ein frisches Glas Wasser zum Mokka bringt, beugt sich zu ihm und flüstert ihm ins Ohr, was ihn offenkundig beruhigt. Mit gesenkter Stimme fährt er fort.

Alles änderte sich mit einem Schlag. Meine Frau konnte nicht mehr helfen. Ich wurde doch noch eingezogen – oder überstellt. Aus der Ferne konnte ich mich um Gertrud nur mit Mühe kümmern. Ab und zu reiste ich dienstlich von Weißkirchen nach Trübau. Je näher die Russen rückten, je häufiger Alarm gegeben wurde und die Städte brannten, um so nachdenklicher wurden die Germanen. Viele packten, viele dieser Überdeutschen, dieser großen Grenzwächter machten sich heimlich auf und davon. Bloß fragte es sich, wohin? Das Reich schmolz zusehends. Wir rafften, was wir besaßen, und vergruben es. Ich persönlich nicht. Die Familie besann sich plötzlich auf ihre tschechischen Dienstboten. Mir fielen sogar entfernte böhmische Verwandte ein. Der Mensch ist nichts als eine Wursthaut, die du nach Belieben auffüllen kannst. Der Mensch hat ein Hirn, in das die Führer oder die Götter scheißen. Sicher, der Demokrat nimmt sein Hirn für sich selbst in Anspruch. Bei dem bleibt es. In diesem einen Punkt wird mir Ferencz, vermutlich, zustimmen.

Der zeigt sich Kurries Anzüglichkeiten gewachsen, faltet die Hände, drückt sie gegen den Mund.

Ich schaffte es, mich aus der Garnison rechtzeitig nach Trübau abzusetzen. Was heißt: rechtzeitig? Die Familienhydra verlor die Köpfe, meine Mama bestand darauf auszuharren, zu bleiben. Die Russen würden sie nicht vergewaltigen. Sie sei zu alt. Mit den Tschechen habe sie schon früher leben müssen. Die Geschwister verschwanden, verwischten ihre Spuren. Fort waren sie. Nur der älteste Bruder hielt noch die Stellung in Großpapas Büro, da die Trikotmaschinen heißliefen. Solange Krieg geführt wurde, brauchten die Landser Unterwäsche. Was geschah mit dem Kind, was mit mir? Das Kind lernte die Angst. Die Großmutter malte ihm eine Horde von Teufeln an die

Wand. Das Kind glaubte ihr. Womit es sich auf der Höhe der Zeit befand. Ich weniger. Zweimal wechselte ich die Uniform, stieg um aus dem Feldgrau ins Parteikhaki und zurück, bis mir klar wurde, daß ich, sobald der Führer keine Macht mehr haben würde, gesucht werden könnte. Wofür es Gründe gab. Ich bekleidete das Kind vorsorglich für alle vier Jahreszeiten, verabschiedete mich von meiner Mutter, die mit Abschieden überfüttert war, und mietete mich in der Nähe von Brünn in einer kleinen Pension ein, mit dem Kind. Ich gab mich als Tscheche aus, als einer, der im Verborgenen hatte leben müssen. Wahrscheinlich wunderte sich Gertrud über mich. Sie weinte viel in dieser Zeit. Es war eine nötige Vorbereitung. Ehe die Russen einmarschierten, griff der nationale tschechische Widerstand ein, der Národní výbor. Die Deutschen wurden zusammengetrieben. Schuldige und Unschuldige gefangengesetzt, verprügelt und gequält. No, die Fronten hatten sich gerechterweise verkehrt. Damit hätte ich rechnen müssen. Obwohl ich nicht auffallen konnte, auch nach dem Einmarsch der Russen nicht, faßte die Wirtin Verdacht, schwärzte mich bei den neuen Behörden an. Sie sorgte weiter für das Kind, als ich verhört wurde. Seither bin ich auf dem rechten Ohr taub. Für ein paar Wochen wurde ich eingesperrt. Die Sorge um Gertrud trieb mich fast in den Wahnsinn. Die Wächter trieben ihren Spaß mit mir. Ein germanischer Schreihals mehr. Nein, du mußt den Spieß gar nicht umdrehen. Er hat an beiden Enden eine Spitze.

In Gedanken versunken erhebt er sich, zwängt sich zwischen Stühlen durch, murmelt, er müsse für einen Augenblick hinausgehen. Ferencz nutzt die Gelegenheit und verschwindet. Er denke nicht daran, sich weiter den Gemeinheiten Kurries auszusetzen. Ich habe noch in der Redaktion zu tun. Ihr im übrigen auch, Herrschaften. Aber wenn ihr euch unbedingt diese Überlebensmärchen antun wollt, laßt euch nicht stören.

Die Hitze steht im Raum; eine toll gewordene Sonne leuchtet Kurries Bühne aus. Wir bewegen uns kaum auf den Sesseln, sparen mit dem Atem. Sobald ein leiser Windzug zwischen Tür und Fenstern aufkommt, holen wir tief Luft.

Kurrie zeigt sich nicht verwundert über Ferencz' raschen Abgang. Er wird seine Gründe haben. Für ihn ist das nichts Neues gewesen. Nichts für gepflegte Gedächtnislücken.

Kurrie lehnt sich zurück, drückt die Fingerspitzen auf die Augenlider und überrascht uns mit einem Gedankensprung, auf den er sich offenbar draußen vorbereitet hat:

Ihr könnt mich für meschugge halten. Trotzdem. Gäbe es dieses Kaff hier nicht mitsamt seinen geschrumpften Pfeffersäcken, gäbe es diese Redaktion nicht mit euch ehrgeizigen Kindsköpfen, mit dem Batschka-Paganini und Bruno Bruno, der Bullrichsalz vertilgt, gäbe es diese aufstrebende Kolonie von Spätzlesfressern nicht – ich wäre in den letzten Jahren hoffnungslos eingegangen. Selbst das Kind hätte mich nicht halten können, sage ich euch. Meine Existenz erweist sich als ein Stoffwechselwunder. Es ist mir schleierhaft, wohin, in welches abgelegene Organ sich der Germane, der Nazi verflüchtigt hat. Mir ist es unheimlich. Manchmal fürchte ich, daß es nur einen Henlein brauchte, den in mir wieder wachzurufen. Schwamm drüber. Die Tschechen haben ihn mir erst einmal mit allen Regeln neuzeitlicher Verhör- und Folterkunst ausgetrieben. Das hat sich, wie gesagt, auf das eine Ohr geschlagen. Vielleicht hätte ich schon vorher ein bissel schlechter hören sollen. Wißt ihr, wie einer sich fühlt, der vor die Tür gestoßen wird nach einer solchen Tortur? Wie ein Geblendeter. Wie ein Blöder. Dafür haben sie bei mir nicht viel anstellen müssen. Dieser drahtige Offizier vom Národní výbor, der genausogut Henlein hätte dienen können, was natürlich eine Unterstellung ist, wollte wissen, weshalb ich mich als Tscheche ausgegeben habe. Ich konnte es ihm ausführlich erklären. Ich habe gesagt: No, versetzen Sie sich in meine Lage, Herr Major. Ich könnte mir vorstellen, daß Sie noch unlängst in einer ähnlichen gewesen sind. Wenn nicht, brauchen Sie bestimmt nicht Ihre Phantasie anzustrengen. Sie wissen, wie ich es weiß, warum ich mich getarnt habe. Aus Schiß, aus Angst. So wie Sie vorher, weil Sie Angst hatten vor mir und meinesgleichen. Das ist eine Rechnung, die immer aufgeht, Herr Major, sagte ich. Bloß kommt es halt darauf an, wer zum Schluß die Summe zieht. Ich bin es nicht. Sie können abrechnen. Mit mir. Tun Sie's. Es wird genug übrigbleiben, hinterm Komma, was uns quälen wird, was wir uns aufrechnen, gegenseitig, über die Jahre.

Als habe er sich Wort für Wort aus der Vergangenheit entfernt und auf sich zugeredet, lockert er sich, reibt sich mit den Händen die Backen, schaut mit einem ratlosen Lächeln einen nach dem andern von uns an, seufzt: Er hat mich laufen lassen. Ob ich ihn überzeugte oder ob er es aus Mitleid tat, es bleibt sich gleich. Nicht in allem. Immerhin trug ich, als ich die Kommandantur verließ, eine weiße Armbinde mit einem großen schwarzen N. Das wies mich für alle als Deutschen aus. Bissel ähnlich wie der gelbe Judenstern. Was unrecht ist, muß eben unrecht bleiben. Ihr werdet wissen wollen, wie ich das Kind wiederfand. Meine Wirtin hatte es freundlich gehütet. Nichts war ihm geschehen. Ich konnte es mitnehmen auf die anstrengende Wanderung von Brünn zur österreichischen Grenze, die später als Todesmarsch bekannt wurde. Die Beteiligten haben in diesem Fall kaum übertrieben, möchte ich zurückblickend feststellen.

Wir beide, die Gertrud und ich, sind glimpflich davongekommen. Sie hat nie sprechen gelernt. Sie blieb stumm wie ein Fisch. Aber sie gibt Laute von sich, unterschiedliche, helle und dunkle, gezwitscherte und geseufzte. Ich kann sie verstehen. Sie mich ebenso. Vier Jahre haben wir in Neckarhausen gemeinsam gelebt, in einer Bude, die uns allmählich krank machte. Sie hat nicht schreien können wie ich. Ihre Not ist mir erst mit der Zeit aufgegangen. Vor zwei Jahren habe ich sie nach Winnenden gebracht, in Pflege. Jeden zweiten Sonntag fahr ich sie besuchen, wenn es möglich ist. Sie hat sich daran gewöhnt.

Die Erzählung hat ihn erschöpft. Mein Gedächtnis kann ihn nicht länger festhalten. Er reißt sich los mit einer Heftigkeit, die mich noch jetzt, Jahrzehnte danach, erschüttert. Ich will ihm nachsetzen. Er schüttelt mich ab.

In seinen turbulenten Werbegesprächen mit Nürtinger Kaufleuten, die er bisweilen zur Probe in der Redaktion repetierte, spielte er mit den Erwartungen, Gesinnungen und Verlogenheiten anderer. Sich selber sparte er aus.

Er läuft neben mir her, die Neuffener Straße entlang, an den ziegelroten Fabrikgebäuden von Heller vorbei. Ein kleiner Nachmittagsschatten. Schon verwandelt, schon in jenem Zustand, in dem gute Geister uns begleiten, ohne daß wir es merken. Ich will dir noch verraten, Jamin, warum ich euch zugeschaut habe, wie ihr euch liebtet. Es hat einen banalen Grund: Aus Angst, allein sein zu müssen. Und das an Silvester.

Ich habe das Café, unser Café, seither nicht mehr besucht. Es blieb seine Bühne. Da keucht er und röchelt und lacht und bittet Frau Bednarek, ihm doch ein Glasl Wasser zu bringen, bevor er an sich ersticke.

Servus, Kurrie.

Der elfte Tag

Ich beginne mich in einem Zustand einzurichten, schreibe ich M., den ich fürchten muß. Meine Phantasie entwickelt keinen Ehrgeiz mehr. Ein paar Gedichtanfänge hängen in meinem Gedächtnis wie ausgeblichene Spruchbänder, und Geschichten weiterzudenken, strengt mich sehr an. Die vorsichtige Existenz auf dieser Insel, weit entfernt von dem, was mich krank machte, nimmt mich in Anspruch. Ich genieße den von Verrichtungen und Untersuchungen gegliederten Tageslauf. Es ist mir angenehm, wie wenig hier Kranke über ihre Krankheit klagen. Über Operationen wird sachkundig gesprochen, über Beschwerden so gut wie gar nicht, um so lebhafter und bewegter über die Portionen von Glückseligkeit, die jeder sich erlaubt: zwei Stunden absoluter Versunkenheit am See, ein Spaziergang mit anderen über den Berg, ohne daß der Atem wie früher zum Röcheln und jeder Schritt zur Tortur wird, die Vorfreude auf das Glas Wein am Abend oder der allen verschwiegene Traum von einer kurzen Liebschaft. Wir sind Verschonte. Nicht, daß wir die Zukunft aus unseren Gedanken ausschlössen, das nicht, doch wir begreifen sie als ein Geschenk, das auszupacken wir fürs erste unterlassen. Es hat Zeit. Es hat die Zeit vor der Angst und nach ihr. Ein winziges, wunderbares Atemholen.

Heute früh mußte ich nüchtern bleiben, vor dem Frühstück zur Blutabnahme gehen, der letzten vor dem Eingriff in München.

Danach sitze ich im Speisesaal für mich am Tisch. Die andern sind schon fort. Ich bin froh, in Ruhe gelassen zu sein.

Versuch es wenigstens, hatte Fritz Ruoff gebeten. Wenn es dir dort nicht paßt, gehst du wieder.

Er steht mit dem Rücken zu mir, vor der Arbeitsplatte, die mehr als ein Drittel der Stube einnimmt, seinem Atelier. Ich sitze schräg hinter ihm, habe gelesen, es hat eine Weile gebraucht, bevor er mich anspricht.

Du sollst dir Gedanken machen über deine Zukunft. Du kannst nicht dein Leben lang als Hilfskraft im Büro beim Greiner arbeiten und nebenher Gedichte schreiben. Du würdest umkommen. Da gibt es auf der Alb die Bernsteinschule, den Bernstein. Ich habe mit Grieshaber gesprochen. Du könntest probeweise hinaufkommen. Und später entscheiden, ob du bleiben willst.

Ich habe diese Geschichte schon einige Male erzählt.

Nicht jedoch das Märchen vom Bernstein.

Es beginnt wie alle Märchen:

Es war einmal: ein Maler, der seine Erfahrung weitergeben wollte, kein berühmter Maler, aber einer, der nicht wie viele andere, nachdem Hitler besiegt war, alles zu vergessen suchte und nur noch auf Ruhm und Erfolg erpicht war.

Er fand einen Ort, an dem sich verwirklichen ließ, wovon er träumte. Ein ehemaliges Kloster, das von einem Bauern bewirtschaftet wurde, in dem aber die meisten ehemaligen Zellen leer standen, ausgehöhlt und angefressen von der Witterung der Jahreszeiten. Das schreckte ihn nicht. Im Gegenteil. Er nahm sich des weitläufigen Baus hoch oben auf der Schwäbischen Alb an, wärmte die Zellen auf mit Zuversicht, machte sie bewohnbar, und kaum hatte er den Namen des alten Baus ins Land gerufen, zog er junge Leute an, Maler, Bildhauer, Fotografen.

Bernstein! Sie folgten dem Ruf, planten, lernten sich in nachtlangen Gesprächen kennen, hörten auf ihren Meister, widersprachen ihm und waren alle des festen Glaubens, daß sie auf dem Bernstein so lange leben und arbeiten könnten, bis sie fähig waren, die Welt unten umzukrempeln.

Auch die schöne und kluge Tochter des Meisters glaubte dies. Nur schleppte sie den verlockenden Gegenzauber ein. Sie hatte im Tal einen jungen Holzschneider kennengelernt. Seine Gedanken erschienen ihr zukunftsmächtiger, wegweisender als die ihres Vaters. Der junge Mann setzte sich auch heftiger mit der Gegenwart auseinander. Mutig stellte er sich auf die Märkte, warb für ein unfertiges Glück und verhöhnte den raschen Erfolg. In seinen großen Bildern erzählte er von Engeln und Dämonen, Liebenden, Soldaten und Heiligen. Erzählte von der Alb und ihrem Himmel, von der Wut gegen Schönredner und Schwarzfärber und gab es nicht auf, an die Untaten von gestern zu erinnern.

Das Mädchen brachte ihren Geliebten zu den Leuten auf dem Bernstein.

Der alte Meister sah sich verdrängt; der junge wendete sich erbittert gegen ihn. Die Kunst müsse immer mit der Gegenwart streiten.

Er zauberte, überredete, nistete sich ein. Bald schrieben die großen Weisen jener Jahre an den Holzschneider. Er las vor, was Martin Buber, was Hermann Hesse dieser Schule wünschten. Die Leute vom Bernstein druckten Botschaften, sandten Bilder und Gedichte aus, die für den Bernstein werben sollten. Die Wände im Flur und in der ehemaligen Klosterkapelle verschwanden unter Plakaten und Schriften, unter Spruchfahnen. Und selbst aus rohen Ziegeln brachen, geweckt von einem Bildhauer, Figuren.

Der alte Meister wurde nicht mehr gehört. Er verschwand irgendwann. Eine Weile war er noch eine Legende. Doch bald ging auch die verloren.

Jetzt stand der Holzschneider der Menschen- und Artistenschule vor. Die Kunst werde erst dann wahr, wenn sie sich Tyrannei und Torheit, Machthunger und Habsucht widersetze. Das spielte, malte und sprach er in Gleichnissen, lud Musiker und Komödianten ein. Eine Zeitlang wohnte ein berühmter Musiker auf der Höhe einiger zusammengeschobener Schränke, hing den Gedanken seiner vorletzten und letzten Liebe nach und erfand das schöne Lied von der Treue, die ein Jäger aus seinem Horn bläst.

Als ich auf den Bernstein kam, lief das Lied noch als Echo über die Flure, manchmal summten es die Übriggebliebenen, in Gedanken verloren.

Der Holzschneider, der Osterreiter übers schwäbische Oberland, dem ich unten im Tal zwar öfter begegnet war und den ich nun als Lehrer erhoffte, hatte dem Bernstein längst ade gesagt, als Botschaft und Ansporn hatte er einige seiner Holzschnitte an den Wänden hinterlassen und mir, dem verspäteten Adepten, drei Lehrer: einen Dichter, einen Bildhauer, einen Tischler.

Ehe die mich willkommen heißen, freundlich und etwas verlegen, muß ich erst einmal auf- und in das Märchen vom Bernstein einbrechen.

Ich fahre mit dem Bus von Sulz am Neckar die Steig hinauf. Der schwarze Wald beugt sich dicht über die Straße. Ich weiß nicht, was kommen wird, erwarte aber, daß Türen sich öffnen, Aussichten sich bieten werden. Seit einigen Tagen habe ich die Korrekturfahnen meines ersten Gedichtbändchens. Mein Paß für den Grenzübertritt. Grieshaber hat mich, das weiß ich, angekündigt. Einer vom Bernstein wird an der Haltestelle warten.

Mein Märchen fängt anders an: Es wird einmal sein.

Beinahe alle Mitreisenden sind inzwischen ausgestiegen. Es kommt mir vor, als habe der Fahrer den

Auftrag, mich hinaufzubringen. Soll ich ihn bitten, anzuhalten und mich aussteigen zu lassen? Ich könnte im Wald verschwinden, noch ehe der Bernstein mich aufnimmt, das Märchen, in das ich womöglich gar nicht hineingehöre.

Laß dich mitreißen, hat Ruoff geraten. Denen auf dem Bernstein könnte es gelingen. Wobei er nicht wußte, daß von den guten Bernstein-Geistern nur vier übriggeblieben waren. Der Tischler und seine Frau, der Bildhauer und der Dichter.

Der Dichter wartet auf mich.

Ich steige aus, zögere. Er tritt auf mich zu.

Willkommen, sagt er. Nicht laut, vorsichtig. Es hört sich an wie: Wir werden sehen.

Auf dem Weg zum Bernstein, wortlos neben dem Dichter herlaufend, gerate ich in eine sommerliche Landschaft mit einer Bilderbuchwiese, Tom-Sawyer-Zäunen, zwei Wegen, die sich in einer rotgebrannten, irdenen Kerbe kreuzen, und geneigten Apfelbäumen.

Das Bild kann ich aufrufen, bis heute. Nur bin ich mir nicht mehr sicher, ob ich es bei der Ankunft oder beim Abschied sah. Beide Male begleitete mich der Dichter. Immer hatte ich den Eindruck, als halte die Welt meinetwegen den Atem an.

Wir gehen über den Klosterhof, auf dem landwirtschaftliches Gerät herumsteht.

Der Dichter führt mich über einen breiten Flur. Unsere Schritte klopfen gegen jede Tür, an der wir vorbeikommen. Es sind viele. Eine öffnet er, tritt mir voraus in ein weißes, sehr helles, schmales Zimmer. Das ist Ihre Zelle. Ich wohne nebenan, sagt er. Wenn Sie nicht allein bleiben wollen, Fragen haben, kommen Sie zu mir. Jeden Nachmittag um drei lädt Max, der Tischler, zum Tee ein. Er schaut auf die Uhr. Also bald. Sie haben gerade noch Zeit auszupacken.

Ich stehe am Fenster. Eine dunkle Reihe von Nadelbäumen hält meinen Blick auf. Ich beginne mich zu vergessen. Nicht ganz. Ich hole die Korrekturfahnen aus dem Koffer und stecke sie in die Tasche. Wenn die Mitbewohner Bescheid über mich wissen wollen, werde ich ihnen die Gedichte geben. Lest mich. Vor der angegebenen Zeit wage ich mich nicht auf den Flur hinaus. Obwohl es mich reizt, das Kloster zu erkunden, vor allem die Kapelle anzuschauen, von der Ruoff gesprochen hatte. Da seien die Bilderfahnen vom Grieshaber aufgehängt, eine neben der andern, ein überwältigender Fries.

Kaum stehe ich in der geöffneten Tür, höre ich den Dichter aus einer der Zellen nebenan rufen: Kommen Sie. Max läßt die Tür tagsüber immer offenstehen.

Sie sitzen zusammengedrängt wie auf einem Floß und schauen mir entgegen.

Ich gerate in Panik, fasse nach Händen, erwidere Grüße, lasse mich auf einen Stuhl drücken, werde angesprochen, stottere Antworten, bis sie mich einfach in ihre Unterhaltung hineinnehmen, von mir reden, als sei ich noch abwesend und käme irgendwann im Laufe des Abends, der Junge, der Gedichte schreibt.

Sie rufen Geister und Helden auf, einen Fotografen zum Beispiel, der sich in einem Brief an den Dichter angekündigt habe, endlich, er hat uns lange genug warten lassen, der Schwöbel, der Schwöbel, den ich mir als einen riesenhaften, plumpen Erpel vorstelle mit einem bärtigen Männerkopf auf dem dicken Hals, den Schwöbel, den ich über den Flur watscheln lasse, auf dem ich am andern Tag Fotos entdecken werde, die er gemacht hat, der Schwöbel, große Tafeln von alltäglichen Dingen: Fensterkreuze, Milchkannen, Türklinken. Und neben dem Schwöbel gibt es noch den Quinte, der den Vokalen nach ein zierlicher Vogel sein muß, ein Eisvogel, der Quinte, doch am häufigsten wird der Gries beschworen, ein Geist, der schützt und hilft, der Gries. Die Frau des Tischlers weiß am genauesten, was er vorhat, gibt seine Wünsche weiter, kann sagen, wann er das nächste Mal den Bernstein besuchen wird, zitiert aus seinen Briefen wie aus Gedichten, deren Verse sich verwirrt haben, in denen berühmte Namen sich zu Rätselworten verschlüsseln: »Fegefeuer zwischen Buber Bernstein und dem Himmel ist sowenig zu trennen wie der Film Les Enfants du Paradis von der Ausstellung des besseren und noch immer besseren Lebens vom schlimmeren und noch immer schlimmeren Leben.« Die Wörter purzeln in meinem Kopf herum, dröhnen, bekommen einen schmetternden Nachhall, und ich frage mich, ob sie überhaupt einen Sinn haben wollen. Mir fallen Bilder aus dem Film von Jean-Louis Barrault ein, ich sehe den Gaukler auf seinem Podest, den Dieb unten im Menschengewühl, ich laufe dem einen nach und dann dem andern, und wie ich aufblicke, sehe ich die vier vor mir, als gehörten sie zu den Kindern des Paradieses.

Den Dichter, dessen schmaler Häuptlingskopf mit der glänzenden schwarzen Haarhaube mich schon beim Empfang entzückte, nenne ich für mich Jussuf. Er dreht sich eine Zigarette nach der andern. Den Stuhl mißbraucht er zu akrobatischen Kunststücken.

Der Bildhauer gleicht in seinen leisen, sehr ruhigen Gesten den Figuren, die er in dünnen, wie für den flüchtigen Sand gedachten Linien aus der Oberfläche von Ziegelsteinen ritzt. Er hat seinen Platz unterm Fenster. Wenn ich blinzle, löst er sich im Gegenlicht auf.

Die Frau des Tischlers hat keinen festen Platz. Entweder kauert sie zwischen dem Dichter und ihrem Mann auf der Diele oder sie lehnt sich gegen die Wand neben dem Fenster oder sie sitzt auf dem Rand der Arbeitsplatte. Da sie, wie der Dichter, schwarzhaarig und olivenhäutig ist, könnte sie seine ruhelose Schwester sein.

Mehr und mehr konzentriere ich mich auf Max, den Tischler. Seine spöttische Ruhe zieht mich an. Ich wünsche mir, daß er mir seine ganze Aufmerksamkeit zuwendet, bloß für mich in diesem verrauchten Zimmer vorhanden ist. Alles an ihm ist rund. Der Kopf, die Augen, deren Grau wie von innen her beleuchtet scheint, der Leib, die Hände. Wenn er spricht, hüpfen die Wörter in einer Art Singsang, auch nun, als er die Regeln für einen im Grunde regellosen Schultag erklärt: Wir unterrichten nicht, keiner von uns. Wahrscheinlich wird nie wieder unterrichtet auf dem Bernstein. Er wiegt den Kopf. Auf seiner Stirn springen für einen Moment die Falten zu Notenlinien zusammen. Aber dafür sind Sie ja nicht hergekommen, wie uns Grieshaber wissen ließ. Sie brauchen einfach ein bißchen Ruhe. Sie suchen. Ja. Er schnalzt das Ja zwischen Zunge und Lippen, schaut mich fest an. Sie wollen sich umschauen, umhören. Wir können Ihnen raten. Ja. Wieder schnalzt er, lächelt mir dabei aufmunternd zu. Nehmen Sie sich Zeit. Wie lange wollen Sie überhaupt bleiben? Daß ich es noch nicht weiß, hält er für gut. Wir werden Sie in Ruhe lassen und wünschen, daß Sie uns dafür heimsuchen, wann es Ihnen paßt. Nur mittags essen wir gemeinsam in der Küche. Wann immer Sie sonst etwas zu sich nehmen wollen – Sie finden das Nötigste in der Kredenz, in der Speisekammer.

Schon wieder schlagen die Stimmen über mir zusammen. Ich schließe die Augen.

Am Morgen nach einer fast schlaflosen Nacht holt mich der Dichter aus der Zelle zum Frühstück, bevölkert den Bernstein mit allen, die ihn längst verlassen haben, führt mich auf dem Gang von einem Bild zum andern, bricht in meine kindlichen Erwartungen mit ein paar beiläufig mitgeteilten Wirklichkeiten. Ich bin Jude, müssen Sie wissen. Max und seine Frau sind es auch. »Ich hatte Übung im Singen mit geschlossenem Mund«, steht in einem seiner Gedichte.

Wir spazieren rund um das Kloster. Das Licht im Wald schraffiert unseren Weg.

Ich bin davongekommen. Meinen Vater habe ich getragen, erzählt er. Über die Berge, nach Italien. In seiner Erzählung baut er lauter Städte, die ich nicht kenne. Alle zerfallen sie nach ein paar Sätzen zu Asche. Sogar der Himmel wird schwarz. In Berlin habe ich meine Kindheit verbracht, sagt er, »man hieß uns Fremde«. In Italien, in Lucca, sagte er, und er baute eine menschenleere Straße, aus der die Schatten der Häuser Parallelogramme schneiden. Dann redet er uns in einen Park hinein, in dem elegant angezogene Frauen und Männer flanieren. Heine, sagt er, auf Schritt und Tritt ist mir Heine nachgegangen. Und das zu einer ungünstigen Zeit. Da fuhren schon längst die Transporte nach Treblinka und Auschwitz. Wir kamen davon. Mit dem Schiff nach Palästina. Als ich ihn vom Boot ans Land trug, spürte ich sein Gewicht kaum.

In einem der Gedichte las ich: »Dein Aug, die Stirne, Tafel vom Sinai, der Nase starker Bogen.«

Ich versuche zu sehen, was er gesehen hat.

Nur mit Mühe kann ich mich neben ihm halten.

Mit Max müssen Sie sich unbedingt bald beraten, sagt er. Klopfen Sie einfach bei ihm an.

Vorher führt mir der Bildhauer seine Stille vor. Es verblüfft mich, wie unbefangen ich sein Schweigen ertrage. Er legt mir seine Ziegel in die Hände. Sie sind leicht und sonnenwarm. Das alles geschieht wortlos. Nur einmal bemerkt er leise: Sie sollten die Steine lesen, verstehen Sie?

Ich lege einige Ziegel nebeneinander, verschiebe sie, schaffe eine Art Text. Jedesmal bewegen sich die Figuren in einem anderen Satz. Die redenden Steine fesseln mich so, daß ich meinen Gastgeber vergesse. Erst als er seinen Stuhl neben den meinen zieht, wie ich auf die Ziegelreihe blicke, höre ich ihn und mich wieder atmen.

Kommen Sie, so oft Sie wollen.

Kurz bevor ich den Bernstein verlasse, tritt er, aufgebracht, aus seiner Verschwiegenheit. Daß sie, nach all dem, nichts gelernt haben, nichts, und dieses gefährliche Volk wieder bewaffnen – wozu habe ich mich beim Barras zum Krüppel schießen lassen?

Wissen Sie, woher dieses Wort kommt? frage ich ihn.

Barras? Überrumpelt preßt er sein Gesicht zwischen die Hände und starrt mich an. Das ist eine Frage. Nein. So haben wir Landser das Militär genannt. Barras. Das bedeutet Kommiß, Dienst, Schützengraben, Tod. Das alles versteh ich unter Barras und noch eine Menge mehr. Sein mühsames Gelächter treibt mich hinaus in den Wald.

Wir stehen oben an der Steig, die von Sulz heraufführt, hier die Höhe erreicht.

Der Postillion bläst nicht mehr das Horn, sagt der Dichter, kein Eichendorff schickt ihn aus, er drückt auf die Hupe und wehe, keiner von uns ist zur Stelle, dann nimmt er den Postsack wieder mit. Und, wissen Sie, im Winter gerät das Auto in Verzug. Manchmal bleibt es in Schneeverwehungen stecken, rutscht auf der eisigen Bahn ab, dann warten Sie hier, ziehen den Schal um den Kopf, werden langsam, aber sicher zum Eiszapfen, zum Schneemann, der erst wieder auftaut, wenn das Signal klingt: Die Post!

Mein Märchen findet doch nicht so rasch ein Ende. Mit der Frau des Tischlers streiche ich Schmalzbrote für einen unerwarteten Besuch. Dazugebeten werde ich aber nicht.

Auf meine Gedichte kommt keiner zu sprechen.

Vielleicht ein Narr wie ich.

Narren sind immer gleich.

Das habe ich mir vor zwei Jahren eingeredet.

Hier wollten sie, unter Anleitung von Grieshaber, ein haltbares Luftschloß bauen.

In der Kapelle, wo unsere Stimmen hallen, stotternd von den Lippen springen, vor den Bilderfahnen von Grieshaber, auf denen der Tod mit Männern und Mädchen um die Wette läuft, erklärt mir die Frau des Tischlers, daß ich wohl der letzte Gast auf dem Bernstein sei. Sie sagt: Je fetter wir werden, um so magerer wird unsere Phantasie. Wieviel haben wir schon vergessen. An den Händen der Mörder ist das Blut nicht einmal trocken, und sie waschen sie schon in Unschuld. Nachdem sie noch einmal zum tanzenden Tod hochgesehen hat, bringt sie mich zu ihrem Mann.

Lachend, in die Hände klatschend und schnaufend, verstellt er mir die eine Aussicht und offenbart mir eine andere. Anstatt des Bernsteins die Ecole d'Humanité. Er duzt mich. Ich fürchte, du verwilderst. Solche Kerle wie du sind mir öfter über den Weg gelaufen. Bevor Hitler kam, arbeitete ich eine Zeitlang als Werklehrer an der Odenwaldschule. Mit Paul Geheeb, dem Gründer, bin ich befreundet. Er reibt mit den Händen die Schreibtischplatte, als wolle er sie polieren, schüttelt den Kopf. Hier wird nichts mehr draus, Junge. Er reißt das Fenster auf, hält den Kopf hinaus, dreht sich graziös zu mir um, ein kleiner, runder, heiterer Mann, der, wäre er einmal traurig, einem Furcht einflößte. Wir träumten von einer Schule, in der die Lehrer zugleich Schüler sind, in der wir immer von neuem anfangen, uns ausprobieren. Da sitzen wir nun, drei heimatlos gewordene Juden und ein zum

Krüppel geschossener Bildhauer. Du hast uns, mein Junge, gerade noch gefehlt. Er zieht den Stuhl so, daß wir Knie an Knie einander gegenübersitzen, beugt sich nach vorn und umfaßt mit seinen Händen meine Arme. Nicht fest. So locker, daß ich mich seinem Griff entziehen könnte.

Du brauchst Menschen, die deine Wut, deine Angst aushalten, mein Junge. Ich habe deine Gedichte gelesen. Du möchtest durch Wände gehen und stumpfe Köpfe einschlagen. Wenn du willst, schreibe ich Geheeb.

Er läßt mich los, schiebt seinen Stuhl zurück, schaut an mir vorbei, zur Tür. Überschlaf es. Sag mir morgen Bescheid.

Ich muß gar nicht überlegen, habe mich schon entschieden. Nur will ich diesen Mann nicht verletzen.

Niemand hält mich auf, stört mich, als ich danach durchs Kloster laufe, die Bilder an den Wänden mit Blicken einsammle, in der Kapelle das Lied von der Treue singe, Orffs Lied, mir in der Küche ein Schmalzbrot schmiere. Sie bleiben in ihren Zellen.

Dabei bin ich längst aus ihrem verrotteten Märchen gesprungen. Der Dichter hat meine Gedichte nicht gelesen, hat sie dem Tischler überlassen. Der Bildhauer hat mich seiner Sprachlosigkeit ausgesetzt. Die Frau des Tischlers denkt an den entschwundenen Meister.

Ich laufe über den Klosterhof, treibe Hühner vor mir her. Es ist heiß. Der Bildhauer spielt auf seinem Grammophon Mozart. Eine von den vier Platten, die er besitzt. Ich mache die Augen zu. Es könnte sein, daß der Bernstein verschwunden ist, wenn ich sie wieder öffne.

Es war einmal.

Es kann nicht sein.

Der Dichter läßt es sich nicht nehmen, mich zum Bus zu bringen. Ich habe Sie doch auch abgeholt.

Vorher habe ich mich von den drei andern verabschiedet. Max, der Tischler, war über meine Entscheidung nicht erstaunt. Paß auf dich auf, laß von dir hören.

Er gibt mir meine Gedichte. Wenn wir uns schon nicht sehen, werde ich von dir lesen.

Ich habe von ihm ›Gefilte Fisch‹ gelesen. Viel später.

Ein Apfelbaum wartet mit uns an der Busstation. Als ich ankam, habe ich ihn nicht gesehen.

Der Bus ist pünktlich. Nicht säumig wie im Winter.

Der Dichter winkt mir nach. Ich sehe, wie er den Boden unter den Füßen verliert, der Weg unter seinen Füßen fließt wie ein heller Bach.

Nein, ein Engel kann er nicht sein, sage ich gegen das Fenster. Aber ein Prinz Jussuf. Den kenne ich schon lang.

Morgen, in aller Frühe, werde ich nach München in die Klinik gefahren. Der Wagen ist bestellt.

Zum erstenmal fehlt mir die Musik. Ich hätte mir doch einen Walkman besorgen sollen, obwohl mich Mitreisende mit dem Knopf im Ohr jedesmal erzürnen, Gesichter, die blöde werden. Ich könnte Schuberts B-Dur-Sonate hören oder Beethoven, opus 106, oder seine späten Quartette. Oder John Brownlee, den Giovanni von Glyndebourne, diese Stimme, die das Leben überschreit und den Tod herbeiruft.

Mir ist nicht gut. Ich löse mich in Gedanken aus allen vorhandenen Bindungen, spüre den Drang, aufbrechen zu müssen, ohne jedoch zu wissen, wohin und weshalb. Die Aussicht auf den See, das Gebirge, die mich schon seit Tagen erfrischt, wirkt auf einmal lächerlich aufpoliert und abstoßend.

Mit solchen Zuständen kenne ich mich aus. Im Grund handelt es sich um eine Kinderkrankheit oder genauer um eine Krankheit, die ich von Kindheit auf nicht mehr los wurde. Wann, weiß ich nicht genau. Vermutlich 1942, als wir von Sachsen nach Mähren zogen und ich anfing, ohne daß ich dazu angehalten wurde, mit wenig beweglicher Habe auszukommen, ständig bereit zum Abschied.

Vater hat gesagt: Wir ziehen um nach Brünn, später nach Olmütz. Ob auf Dauer, fragt sich. Wenn später Sirenen uns bei Bombenalarm in den Keller trieben, konnte es sein, daß in wenigen Minuten nichts mehr über uns vorhanden war, das Haus ebensowenig wie die Wohnung.

Meine Mutter übertrug mir die Verantwortung für das Köfferchen, in dem alle Dokumente aufbewahrt waren. Geht der Koffer verloren, sind wir es auch. Ich dachte über die irrwitzige Verkürzung nie nach. Sie galt einfach. Alles konnte spurlos mit uns verschwinden, wenn uns die gestempelten, mit Fotografien versehenen Papiere nicht als vorhanden auswiesen. Mutter sorgte dafür, daß wir uns als Vorläufige empfanden. Vielleicht überkam mich darum oft die Sehnsucht, in ein anderes Wesen zu schlüpfen, es auszuhöhlen wie ein Parasit. Wenn ich abends unterwegs war und auf ein beleuchtetes Fenster schaute, ergriff mich ein tiefes Verlangen, in anderer Gestalt hinter diesem Fenster zu leben, in einer warmen und behaglichen Wohnung, aus Gewohnheit ruhig und zufrieden.

Es hat zu regnen begonnen. Der See sprüht unterm Tropfenschlag. Ich trete auf den Balkon und halte die Arme hinaus.

Manchmal, wie jetzt in der Unruhe, schießen vergangene Bilder zusammen, genügt ein Stichwort, daß ich plötzlich sehe, was Jahrzehnte im Dunkeln lag. Wohnungen. Großmamas ungezählte Wohnungen.

Die kleine Wohnung an der Neuffener Straße in Nürtingen preßte uns zusammen. Die Erinnerung, daß Großmutter in dem Bett schlief, in dem Mutter gestorben war, plagt mich weiter. Es war die vorletzte ihrer Wohnungen. Aus ihr ging ich fort.

Alle diese Wohnungen, die ich als Kind, begleitet von meinem Vater, kennenlernte, Wohnungen, die sich auswuchsen zu Landschaften, oft unüberschaubar, ungezählte Überraschungen und Geheimnisse hinter manchmal verschlossen bleibenden Türen, Wohnungen, in denen Echos herrschten und Decken so hoch über den Köpfen hingen, daß ich nicht erstaunt gewesen wäre, wenn in der Dunkelheit da oben Sterne aufgeblinkt hätten, Wohnungen in stockhohen, abweisenden Stadthäusern, an eleganten und belebten Straßen, aber auch erbärmliche Behausungen, in denen Großmama Inseln ihres geordneten Lebens einsprengte, Wohnungen, in denen nach Bombenangriffen die »wertvollen« Möbel von geplatzten Fenstergläsern gespickt waren, Wohnungen, die nur noch vorgetäuschtes Leben empfingen, und die letzte, in der Achalmstraße in Nürtingen, von deren Fenstern aus sie hinauf zum Waldfriedhof schauen konnte.

Sie war eine geborene Hösl. Ich fand diesen Namen nicht nur komisch, sondern für Großmama ganz und gar ungehörig.

Wir besuchten die Urgroßeltern in Chemnitz ein einziges Mal. Großmamas Vater war weit über neunzig und empfing die Familie als ein sitzendes Denkmal. Er murmelte nur ein paar unverständliche Sätze. In der Wohnung hatte Großmama ihre Mädchenzeit verbracht; sie wirkte, trotz ihrer Weitläufigkeit, beengt und bedrückend. Die Möbel, Paravents und Stellagen wuchsen aus dem Parkett und aus den Wänden, schwarz, prunkvoll und mit aggressivem Zierat. Ich saß auf einem zu hohen, zu breiten Stuhl und mußte mich ordentlich benehmen. Zwischen heißer Schokolade und dem Betrachten von Fotoalben führte mich Großmama in ihr Mädchenzimmer. Ich fragte sie, wie alt sie damals gewesen sei. Vierzehn, als wir hier einzogen. Mit zwanzig habe ich dann geheiratet. Ich betrachtete das Bett, in dem Großmama als Vierzehnjährige geschlafen hatte, doch ich schaffte es nicht, sie mir jung vorzustellen, als Mädchen mit dieser blöden, riesigen Schleife im Haar wie auf der Fotografie. Das kann sie nicht gewesen sein, auch wenn sie es behauptete. Urgroßvater schlief im Sitzen. Als die Wohnungstür hinter uns zuschlug, war ich überzeugt, daß die schwarzen Zimmer für immer verschlossen bleiben würden.

Die Kindheitswohnung meines Vaters und der Tanten in Brünn, nahe dem Dom, oben auf dem

Glacis, kann ich mir nur ausdenken; und auf die Terrasse, von der erzählt wird, daß sie einem Einbrecher als vorbereitendes Terrain diente, fällt ein Bühnenlicht, in dem alle Personen sich bewegen, als müßten sie einen Dialog von Arthur Schnitzler sprechen.

Großpapa dachte reichsdeutsch. Er hatte zwar, wie er betonte, nichts gegen die Tschechen – eine seiner beiden Töchter war mit einem Tschechen verheiratet –, doch er wollte im Altreich sterben. Womit er Sachsen meinte.

Großmamas Sächsisch widerstand allen Einbrüchen von Böhmisch, Kanzleideutsch und Schwäbisch. Es wurde, je älter sie wurde, immer renitenter.

Die Großeltern zogen nach Hartmannsdorf, wo mein Vater als Rechtsanwalt zu arbeiten begonnen hatte. Er konnte mit seiner Kanzlei in ihrer Wohnung an der Leipziger Straße Unterschlupf finden, dieser Wohnung, in deren langen, lichtlosen Korridor ich mich nicht nur vor Gewittern flüchtete, den ich auch mit den Geschöpfen früher Lektüre bevölkerte, mit Indianern, friederizianischen Soldaten, tollkühnen Artisten.

Großpapa thronte meistens, ein sächsischer Buddha, fett und glatzköpfig im Erker, beobachtete die Straße, schaute hinüber zu dem gelben, klotzigen Bau, in dem, sagte er, die Partei sitze. Dort saß sie, als ich nach vierzig Jahren wieder ins Dorf kam, noch immer. Wenn auch eine andere.

Großpapa litt unter Zucker. Ich wartete gespannt darauf, wann er ihm endlich durch die Haut bräche und er sich in eine Art Schneemann verwandeln würde.

Wenn ich zur Schule ging, spürte ich seine Blicke im Rücken. Das Kerlchen ist freundlich, fand er.

Eines Tages verschwand er. Er sei gestorben, hieß es. Großmama zog wieder nach Brünn zu den Töchtern. Auch Vater plante zurückzukehren in die Stadt, in der er aufgewachsen war, oder wenigstens in deren Nähe.

Großmamas Wohnung am Bergel in Brünn war mir die liebste von allen. Sie dort zu besuchen, empfand ich als eine wahre Einladung. Vielleicht waren die Räume um eine Spur heller, nobler und freier als alle andern. Sie drängten mir keine Ordnung auf. Ich mußte nicht brav sein, konnte stundenlang in Tante K.s Zimmer auf dem Teppich liegen, Bücher lesen, den Gesprächen im Salon nebenan lauschen.

Madame Longe ist eben gekommen, die Französin aus dem ersten Stock, und Tante Tilly von nebenan, keine richtige Tante, doch zum Haus gehörig, die mich jedesmal durch ein neues, bizarres Kleidungsstück verwirrt, etwa einen hochgewickelten, mit Straßlichtern besetzten Turban oder einen engen, an der Seite geschlitzten Rock. Die Stimmen der Frauen klirren immer ein wenig. Manchmal lausche ich mit angehaltenem Atem, weil ich fürchte, sie könnten ins Kreischen geraten. Tante K. arbeitet auf dem Fliegerhorst und weiß stets, was an den Fronten passiert. Es sind andere Nachrichten als die im Radio. Ich lese bäuchlings, der Teppich duftet nach gepudertem Plüsch, in einem Buch, das mir Tante K. bestimmt nicht erlaubt hätte, eine Liebesgeschichte, in der auch Briefe stehen, die mit Lippenstift geschrieben wurden, von einer jungen Dame, die noch verrückter sein muß als Tante Tilly. Den Titel habe ich nicht vergessen: ›Ich an dich‹, von Dinah Nelken.

Aber da könnte das Zimmer schon in der Luft hängen wie viele andere auch, eine ausgebrannte Wabe, in der sich die Tapeten allmählich unterm Regen von der Wand lösen und in der der Wind Unkraut sät.

Madame Longe bewährt sich im Keller während der wochenlangen Fliegerangriffe auf Brünn. Die Geschwader nähern sich meistens über Ödenburg, das

Pan Waldhans, unser tschechischer Freund, beharrlich Sopron nennt. Nur kann er auch damit nicht die Bombennächte verhindern.

Madame Longe betet, tröstet, erzählt in ihrem kunstvollen Kauderwelsch Witze, deren Pointen sie unterwegs verliert. Sie sorgt auch für Verpflegung, so daß es ihr niemand verübelt, wenn sie sich über Monsieur Hitler ungehalten äußert. Sie habe diesem Mann nie getraut.

Tante Tilly antwortet ihr singend. ›Roter Mohn‹ singt sie und: ›Ich weiß, es wird einmal ein Wunder geschehn‹. Großmama ärgert sich über solche gefühlsseligen Unregelmäßigkeiten. Das hat doch alles keinen Sinn, sagt sie.

Ihre Stimme flackert und bekommt einen quengeligen Unterton. Der wird später in Nürtingen vorherrschend sein.

Gleich nach der Entwarnung drücken sie die stählerne Tür auf, rennen in den Hinterhof, sehen nach, ob das Haus über ihnen, die Häuser in der Nachbarschaft noch stehen. Die Luft riecht nach Feuer.

Hoffentlich reicht der Pappendeckel, den wir gehortet haben, um die geborstenen Fenster auszufüllen.

Sie lachen viel, ausdauernd. Mit dem Gelächter treiben sie sich das Weinen aus. Ich habe es noch im Ohr. Sonderbar lüstern, herausfordernd.

Die Front rückt näher. Wir rücken zusammen.

Großmama und Tante K. gehören von nun an zu uns, erst in Brünn, danach in Olmütz, wo uns Vater aufliest, mitnimmt auf eine Reise nach dem vor den Russen sicher vermuteten Zwettl, das dann doch von der Roten Armee erobert wird.

Vorher müssen Wohnungen verabschiedet und verschlossen werden. Die Wohnung in Brünn am Bergel, in der die Bücher verstummen, das Licht nur noch flackert, in den Möbeln gläserne Stacheln stecken, und dann unsere Wohnung in Olmütz, die dunkel wird wie eine Bühne am Ende eines langen, nicht immer aufregenden Spiels. Ein Vorhang schließt sich, der sich nie mehr öffnen wird. Mir will es nicht in den Kopf, daß ein paar Wochen später andere die Wohnung in Besitz nehmen, in unseren Betten schlafen werden.

Tante Tilly, die uns ein Stück auf der Flucht begleitet, bis sie in der flüchtenden Menschenmenge verschwindet, sich erst ein paar Jahre später meldet, aus Dillenburg an der Donau, Tante Tilly zeigt sich den Abschieden gewachsen. Ich hänge an nichts, erklärt sie uns, öffnet ihren Schminkkasten, legt sich eine schwanenweiße Maske auf, zieht schwarz die Augenbrauen nach, reibt sich mit gebündelten Fingern Rouge auf die Backen, rückt den Turban zurecht, sagt: Es war ein schönes Gerümpel, ich liebte es, doch nun ist es fort, in Feuer und Rauch aufgegangen. Es ist mir gleich. Was kommt, wird sich finden. Ich hoffe, ohne Hitler. Das fügt sie nicht sonderlich laut hinzu, denn noch immer reisen Spitzel und Denunzianten mit, Maulmörder.

Legt euch schlafen, Kinder, mahnt Tante Tilly. Verschlaft den Schlamassel. Große Zeiten enden meistens schäbig. Inmitten dieses Tohuwabohus auf Transporten, in Wartesälen und Baracken nimmt sie sich aus wie eine alternde Prinzessin, die aus einem morgenländischen Märchen verstoßen wurde.

Zwei Jahre lang, 1945 und 1946, werden wir nicht mehr wohnen, sondern hausen, wie Großmama es verächtlich nennt. Überall unterwegs wird sie angestrengt und verbissen eine Insel der Ordnung schaffen.

In der Kammer in Zwettl, in der wir zu fünft auf zusammengerückten Schreibtischen schlafen, wo sie auf dem tiefen Fensterbrett zur Pawlatschen eine blütenweiße Serviette ausbreitet, auf der sie das Ge-

schirr und die Bestecke aufbahrt, zu einem Altar
häuslichen Widerstands. In dem Viehwaggon, mit
dem wir wochenlang zwischen Wien und Wasseralfingen unterwegs sind, ist es eine Tischdecke, die sie
zwischen uns ausbreitet, wenn wir gemeinsam essen,
Suppe aus zerbeulten Geschirren. In der Baracke in
Wasseralfingen, in der sie das Geschrei, die Ausdün-
stung, die ziellose Unrast von einem halben Hundert
Menschen nicht zur Kenntnis nimmt, sitzt sie, unta-
delig gekleidet, die Schmuckschatulle auf dem Schoß,
zwischen Tante K. und einer Dame, die Patiencen
legen. In dem düsteren Zimmer in dem verwinkelten
Schweitzerschen Haus an der Marktstraße in Nürtingen, wo sie, damit sie nicht verschlampe, früh am
Morgen das Bett verläßt, am Tisch Platz nimmt, um
auf eine Veränderung zu warten, für die sie nichts tut,
nicht einmal beten. In der Wohnung an der Neuffener
Straße, in die sie mit Tante K. nach Mutters Tod zog,
rückt sie den Tisch näher zum Fenster, damit sie ihren
Stuhl nur ein wenig drehen muß, um hinausschauen
zu können. Sie achtet darauf, daß alle Dinge ihren Ort
haben. Auch in der letzten Wohnung, der größeren in
der Achalmstraße, bleibt das ihre Sorge.

Erst kurz vor dem Tod bricht sie aus, löst die
selbstangelegten Fesseln und versetzt geradezu heiter
ihre Welt in Unordnung.

Ich bin fortgezogen nach Heidenheim. An den Wo-
chenenden fahre ich auf einer Vespa nach Nürtingen.

Der Junge soll kommen. Sie wünscht es, lassen die
Tanten mich wissen. Sie sei nicht ernsthaft krank,
benehme sich manchmal nur verkehrt, beinahe ge-
fährlich. So stelle sie das Gas an, wenn Tante K. es
eben abgestellt habe. Ohne es zu entzünden! Ständig
müßten sie hinter ihr her sein. Und Großmama wiederum sei hinter ihnen her. Hätten sie die Wohnung
geputzt, beginne sie von neuem. Oder sie schließe

nachts die Wohnungstür auf. Oder sie gebe vor, Zeitung zu lesen, und halte diese verkehrt herum.

Aus ihrer brüchig gewordenen Stimme ist der quengelige Ton gewichen.

Der Junge soll kommen.

Ich sitze neben ihr. Sie fragt mich aus. Wie ich in Heidenheim wohne, ob meine Wirtsleute freundlich zu mir seien, für mich sorgten? Sie versichert, noch jeden Tag die Zeitung zu lesen. Was hältst du von diesem Mendés-France, fragt sie. Komisch, wenn ein Politiker dem Volk das Milchtrinken beibringen will. Mit so etwas beschäftigt sich Adenauer nicht. Der ist ein großer Mann.

Ich widerspreche ihr nicht. Adenauer ist nur wenige Jahre jünger als sie. Sie mißt sein Alter an ihrem. Was der Mann noch leistet, sagt sie.

Kannst du nicht öfter kommen?

Nein, Großmama. Jeder von uns in der Redaktion hat seine feste Dienstzeit.

Der Rudi, sagt sie, brauchte sich um andere nicht zu kümmern.

Sie steht auf, geht vor mir her, stößt mit der Schulter gegen den Türrahmen und seufzt unwirsch auf. Ich fasse nach ihrem Arm, doch sie reißt sich los. So wacklig bin ich nicht.

Sie zeigt zum Fenster hinaus, zum Friedhof hoch. Ich bin da oben nie gewesen. Bald werde ich dort liegen.

Das stellt sie ruhig, ohne einen Anflug von Angst in der Stimme, fest, so, als müsse sie doch noch einmal ihre Angelegenheiten ordnen.

Der vierzehnte Tag

Das Blut schießt, nachdem der Katheter aus der Arterie gezogen ist, in einer Fontäne hoch. Die Ärzte brauchen, einander abwechselnd, längere Zeit, es zu stillen, indem sie den angewinkelten Ellenbogen auf die Leiste stemmen.

M. wartet schon beunruhigt, als ich auf das Zimmer gebracht werde. Der Pfleger bettet mich um, legt mir einen Sandsack auf den Bauch.

M. setzt sich zu mir auf den Bettrand. Nachher werde sie mit den Kindern telefonieren. Unsere Münchner Freunde hätten ihren Besuch angesagt. Morgen bin ich wieder bei den Graugänsen, sage ich. Ich könnte zu erzählen beginnen. Ich spare es mir auf. Es ist alles noch nicht fest genug. Was wird aus mir, aus uns?

Am andern Tag, der Himmel ist vom Föhn reingefegt und die Berge gleichen einer überscharf beleuchteten Pappkulisse, spaziere ich, immer wieder anhaltend und Atem holend, auf dem Wiesenweg zum See. Mit einer neu geweckten Unersättlichkeit schaue ich um mich, entdecke auf dem gegenüberliegenden Seeufer eine Gruppe Badender, die Ball spielen, ehe sie sich ins Wasser stürzen. Ihr Lärm klingt ganz nah. Ich laufe auf das lebende Bild zu, glücklich, wieder hier und noch nicht aus dem Strom der Bilder gerissen worden zu sein.

Damals, vor eineinhalb Jahren, zurückgekehrt aus dem Operationssaal in München an die Ostersеen, begann ich, aus der Erinnerung die Landschaften meines Lebens zu vereinen.

Das ist inzwischen tatsächlich geschehen.

Landschaften meiner Kindheit, Landschaften, die

mich aufnehmen sollen, wenn ich mir verlorengehe, Landschaften, die erst in der Anrede zu meinen werden, besiedelt von Geschöpfen, die ich liebte, vergaß, wiederentdeckte, die mich liebten, vergaßen, wiedertrafen, keineswegs unter einem Himmel, sondern unter wechselnden Himmeln, bei Tag und bei Nacht, eingefärbt von den Jahreszeiten:

Der Herbsthimmel über dem Stoppelfeld bei Hartmannsdorf, zwischen Chemnitz und Leipzig, in den ein Drachen steigt, Vogel und Gestirn zugleich. Einen Nachmittag lang schickt der Junge aus Halmen geknotete Botschaften an der Schnur zu ihm hoch. Was soll er tun, der Vogel? Er wird entweder abstürzen oder vorsichtig zurückgeholt, eingezogen, und der Junge wird die Strohbriefe, die der Drache nicht hatte lesen können, achtlos von der Schnur reißen, nach Hause laufen, direkt in den Traum hinein, in dem der Himmel sich noch höher wölbt, eine Kuppel voller Drachen, die Krieg gegeneinander führen, sich aufplustern und die Bläue, die so wunderbar geleuchtet hatte, verdecken.

Der Winterhimmel über dem Albtrauf, dem Nekkar, kann von einem Blau sein, das fest wird, das klirrt, ehe die Nacht anbricht und Schwärze über die blendend weißen Horizonte greift. Da falle ich in den Schnee, mogle mich in Gedanken aus einem von Frauen gehüteten und beherrschten Leben. Ihr werdet mich nicht finden, triumphiere ich, hier nicht unterm Schnee, springe auf, stoße mit der Stirn gegen den harten Himmel und renne hinunter ins Tal, heim.

Der Frühjahrshimmel über einem grün verwucherten, ausgetrockneten Wassergraben vor einer Festungsmauer, über dem Olmützer Stadtwall, wo der Junge sich mit Freunden trifft, in schwarzer Pimpfenuniform, und die Kriege von morgen spielt, da der gegenwärtige nicht einmal verloren ist, dieser Himmel, aus dem es wütend regnen kann, unter dem der Junge auf seinem Fahrrad dahinbraust, naß bis auf die Knochen, und daheim angelangt, so wüst schlottert, daß er das aufkommende Fieber schon ahnt.

Der Sommerhimmel über dem Frankfurter Flughafen: Vor meinen Augen immer ein künstlich brennender Nachthorizont, glühend bis hinauf in die Milchstraße. Vor zehn Jahren habe ich ihn verflucht, als die Kinder mich ins Hüttendorf am Flörsheimer Wald riefen. Eine Nacht lang kauerte ich in einer Erdhöhle, neben einer jungen Frau, die im Schlaf plapperte und klagte. Ich wartete nicht auf irgendeinen Morgenappell, sondern kletterte hinaus, taumelte, zwischen nassen Bäumen, stemmte mich gegen die kalte Morgenhelligkeit und wartete, an einen Kiefernstamm gelehnt, bis das bizarre Dorf zu leben begann, das, ein paar Wochen später, niedergewalzt wurde von Baggern. Der Himmel glüht weiter über dieser struppigen, sonnenverbrannten Brache zwischen Walldorf und Mörfelden, einer Steppe, in der Gerümpel Wurzeln schlägt.

Ich laufe von hier fort, zurück zum Hartmannsdorfer Straßenkreuz, schiebe den Puppenwagen meiner Schwester, mache mich groß, sammle mit einem Schäufelchen Pferdeäpfel, bis der Wagen gefüllt ist, kippe den Inhalt auf die Rosen im Garten hinterm Haus, flüchte mich, als Lore losheult, der Wagen stinke und sei dreckig, in den Garten, in den Schuppen, der überm Bach balanciert, ein nach Holzspänen duftendes Gehäuse.

Ich stehe vor einem ockerfarbenen Haus in Olmütz, in dem, so wurde mir erzählt, sich die Folterkammer befindet, bis auf den Tag. Alle Geräte, die Zangen und Klemmen, die Brandeisen und die Nadeln seien noch vorhanden. Auf einmal habe ich Angst, daß meine Phantasien besetzt werden könnten von schwitzenden, gesichtslosen Folterknechten, laufe aus der Stadt weg, werfe einen Blick voller Sehnsucht auf den Domberg, dort, wo der kranke Bub Mozart vom Bischof gepflegt wurde, lerne Verse auswendig, die mir Jahre darauf einfallen werden, »Vom Bischofsberg die Haube/Verwest denn hier kein Stein«, werde von der Babitschka in Brünn aufgefangen, in der Kuchel, wo sie Powidl eindünstet und mir einen Bauerngarten schildert, dessen Farben und Gerüche über mir zusammenschlagen, ein wunderbares Dach, und auch hier wieder, in Brünn, gibt es einen Domberg und den in die Luft geflochtenen, geklöppelten Stein.

Das ließ ich hinter mir; ich vergaß es für Jahre, versuchte mich einzuholen, lief mit M. über den Galgenberg, schaute auf Nürtingen hinunter, die Stadt, gegen die ich meine Geschichte setzte; wir warfen uns ins Gras, drückten uns aneinander, versprachen uns alle nur denkbaren Zukünfte, Häuser, neue unentdeckte Gegenden, Landkarten, auf denen wir Spuren ziehen würden, sagten uns, wie zum Halt, die vertrauten Namen auf, Jusi und Neuffen, Teck und Achalm, Galgenberg und Säer.

Bis auf den Tag schleppe ich die Bilder mit, aus denen ich fiel, in die ich hinein möchte.

Ich rufe auf, rede nach.

Ich laufe an der Hand meines Vaters zum Reichsgericht in Leipzig, nachdem wir den Bahnhof bestaunt hatten, den größten, hatte Vater gerühmt, und aus einer mich erschreckenden Distanz höre ich ihn weiter sprechen: Hier, in dem alten Hotel, erzählt er, habe ich mit Lilian Harvey getanzt, Slowfox. Ihre Taille konnte ich beinahe mit meiner Hand umfassen, so zierlich ist sie, so leicht. Er sagt nicht: ist sie gewesen. Ich haste ihm nach, hole ihn nicht ein. Ich bin fünfundzwanzig Jahre älter geworden, als er wurde.

Nun laufe ich über den Rathausplatz in Leipzig, vorbei an dem Haus der Großeltern in Hartmannsdorf, über die Brühlsche Terrasse in Dresden, rund um das Olmützer Rathaus, die Zwettler Hauptstraße hinunter, den Neckar bei Nürtingen entlang, trommle mit bloßen Füßen den Badesteg am Ostersee, laufe, ein Kind an der Hand, ein Mädchen, eine Frau, und reiße sie in diesem einen Satz mit, in dem sich meine Landschaften vereinen und, auch wenn ich es nicht wahrhaben will, erlöschen werden.

Ich umarme meine Liebste, höre sie den erlösenden Satz sagen, den ich nicht verstehe, nicht verstehen will, und antworte ihr und allen, die ich rufe, wenn ich sie erinnernd brauche: Solange ich mich erfinden kann, gehe ich euch nicht verloren.

PETER HÄRTLING
BOŽENA
Eine Novelle

Gebunden

Peter Härtlings neues Buch, die Novelle *Božena,* zeichnet in
der Fiktion ein reales Schicksal nach: das einer Tschechin, die
während der Besetzung der Tschechoslowakei durch die
Nazis für einen Deutschen, Härtlings Vater, arbeitete und
darum später als Kollaborateurin geächtet wurde, obwohl
ihr Vorgesetzter kein Nazi war. Eine Novelle über eine unge-
lebte Liebe und ein von der Geschichte zerriebenes Leben.

KIEPENHEUER & WITSCH